一個人的自療旅程

蕭瑤 著

去沒人認識你的地方

目次

回首來時路──接受到釋懷的旅程

臺灣到歐洲,是「睡一覺就到達」的旅程,面對、接受與釋懷,卻是漫長無盡的「自療」之旅,但是我會繼續走下去。

旅行,不只療癒忙碌不已的我,在每段自療旅程當中,還會有一個不定期跑出來做怪的「心中小孩」。

那個「頑劣的孩子」總會出奇不意地現身,她出現的時候,就是強迫我開啟久遠到宛如前世的深度記憶之門,也讓我了解,即便事過境遷,沒有療癒好自己,「時間」非但不會讓「那些事」變模糊,反而透過「心中小孩」時不時騷擾自己的內心,尤其是在心志最脆弱的時候,「那個孩子」的活動力就愈強,她是在抗議我的粗心,不曾好好治療她嗎?

痛苦直接攤開,不再逃避

那是連《國語日報》都還沒完全看懂的年齡,我的生活週遭一夕之間從「樂園」變成「戰場」,原來快樂的事這麼容易成為過去,今天還在快樂天堂,明天就在

地獄裡萬劫不復。發動戰事的大人，在他們開闢的「戰場」打仗，打得不亦樂乎，然而，人與人之間的戰爭，也會像世界大戰或恐攻一樣，總讓無力反抗的老弱婦孺遭受波及。

　　長年處在「槍林彈雨」中，身心的恐懼，不斷讓淌血的傷口撕裂再撕裂。戰禍綿延多年，只要有一點點聲音，就會認為「戰事」是不是又要開始了，由童年橫跨到青少年，只能害怕、無助、無言、長期驚恐，甚至認命地認為一切都是我不好，大人才會這樣……

　　那樣的年代沒有網路，沒有 113 專線，更不知道應該報警，當時的鄰居也沒有幫忙通報，而是有意無意指指點點與訕笑，甚至像看熱鬧一樣圍觀。那時的處境「內憂外患」，幾乎沒有一件事是順利的。那段期間我有很多「作品」，都是沒有邏輯的短篇故事，寫著一篇篇血腥命案，為主角安排不同的死法，有時沒有說故事的靈感，就信筆塗鴉寫起心情日記，字眼充滿「沈淪」與「仇恨」，敘述這世界的醜陋，希望所有的「大人」毀滅在魔鬼手裡。

　　如今回頭看少女時期留下的殘篇作品，只覺得滿紙荒唐言，用字遣詞無比稚拙，也不禁想著，這是不是當年受傷太深的自療與宣洩？藉由書寫，讓當時的情緒找到出口，才沒有做出極端的事。

只要心沒有打開，傷口永遠不會癒合

當年的孩子如今成了大人，發動激戰的大人全成了領敬老津貼的老人，但這不代表戰事告終，現實世界裡，有些事一旦觸動敏感帶，爭端再起，激烈程度幾乎震動整棟大樓。「理念不合」引發怨懟、因「錢」引爆更大的炮火，聽信花言巧語的騙術、不聽忠言逆耳的規勸，導致失去所有，累及周遭的人無法平靜過日子，像強烈颱風壓境或七級地震降臨，沒人逃得了天崩地裂般的災害，災後總是必須重建，無奈當時的我，根本沒有「重建」的希望與能力。

所謂的「安全感」，好像從「心中小孩」進駐開始，就一直搖搖欲墜，我也曾被紛亂情緒淹沒，想不顧一切奔向另一個牢籠，幸好即時找回理智，才讓我不至於衝動行事，但多年來心境不斷變化，也讓我產生令周遭熟人難以理解的「想法」，我想要的「安全感」竟來自「擁有自由」，只要是會讓我失去自由的一切人事物，就會不知不覺逃避，甚至乾脆棄械投降。

或許，心早就生病了，只要心沒有真正打開，傷口不會癒合，也無法用客觀的態度處理不同類型的情感。

旅行不只滿足浪跡天涯的渴望，還有心靈的釋放（攝於羅卡角）

再大的傷痛也要釋懷，學習放下

時間能不能治療傷痛？一切事在人為，前提是要找到適合自己的方式，面對它、處理它、放下它，沒有積極的面對與處理，又如何走到放下這一關？就像嘴破的人，還是需要立刻擦口內膏，傷口才能癒合得快，放著不管，只會更加惡化⋯⋯心，也是如此。

自療旅程，我會繼續走下去

旅行不會解決問題，不是飛了一趟，所有的事都自動圓滿，不管過去有多少痛苦的事，但我從每年旅途中，得到正面思考和正向能量，讓自己在布滿荊棘的道路上，持續前行。

臺灣到歐洲，是「睡一覺就到達」的旅程，面對、接受與釋懷，卻是漫長無盡的「自療」之旅，我會繼續走下去。

如今，在你眼前的我，是不甘屈服現狀、每天想著「出國玩」的不正經上班族，我想透過每一段旅行，去沒人找得到我的地方，心無旁鶩地跟心中小孩說說話，讓「陳年傷口」繫上蝴蝶結，慢慢結痂、痊癒。

第 **1** 章

獨旅，去沒人認識你的地方

一個人旅行，才有跟自己對話的機會

獨旅＝沒朋友＝難相處？

每當說起什麼時候要一個人去旅行，身邊的人，常會有兩種反應，有一部分人會認為：「一個人去那麼遠又去那麼久哦！好獨立，真有勇氣耶！妳膽子一定很大吧？」

另一部分人，則會加入負面傾向的預設立場，像是「怎麼會有人一個人去旅行呢？很危險耶！一定是沒朋友、沒對象、跟家人也相處不好，才會找不到人陪……或是想來一段異國豔遇，不方便有另一個人在場……」

獨旅不是找不到伴，而是找不到適合自己的伴（攝於昆明翠湖公園）

接著，話題會回歸到預設的結論：「唉！找一個伴啦！嫁一嫁，不就有人陪妳旅行了呀！」

向別人說教的時候，表情、語氣都可以很輕鬆，但「找個人嫁一嫁」，真的可以簡單到三言兩語就能解決嗎？如果真的那麼簡單，晚婚率、未婚率、離婚率又為何年年升高？

不論幾個人旅行，都要玩得開心

旅行之所以有令人上癮的魅力，是因為一個人有一個人的精采，兩個人有兩個人的圓滿，三個人有三個人的快樂，一群人有一群人的感動，每個人都有適合的旅行方式，如果「一個人旅行」真的適合你，為什麼不能去計畫、去實踐。

一個人旅行，有更多時間跟自己對話（攝於愛爾蘭 Rosess Point）

反對「一個人旅行」的人，一定不適合一個人旅行，如果你適合，加上天時地利人和，圓自己一個夢，何嘗不是另一種幸福？我也相信，當你做好旅行的準備，就不可能因為他人幾句似是而非的看法而放棄。

一個人旅行的時候，想發呆多久，都不會有人催促（攝於德國舊天鵝堡周邊）

　　旅遊高手輩出的年代，新興的旅遊形態不斷出現，「自助旅行」或者「一個人旅行」，早已不是創意生活提案，但「旅行」並不能讓你逃避什麼，旅歸之後，該面臨的問題還是存在，理不清的事仍然剪不斷理還亂，生活中帶給你困擾的事也不會休止。

　　我每次旅行回來，都會經歷「陣痛期」，就好像由超然夢境驟然返回絕境般的現實，曾讓我不想面對旅程即將結束的當下。

　　用滑鼠點閱著拍回來的數千張照片，翻閱過往記錄的遊記，然後再度回到現實，面對依舊爭峙不斷的周遭，如同由天堂再度掉入地獄，既然如此，又為什麼要去旅行？特別是一個人旅行？

一個人旅行，是自療的時機

　　再遠的旅行，總有一天要回歸到原點，回到現實生活，不論你願不願意，都必須重新去面對不想面對的現實。

　　曾經年輕氣盛，執著於旅行時的酸甜苦辣帶來的滿足感，忘了好好思索，該怎麼延續旅行時的心情，將旅途中遇到的點點滴滴，內化為自療的心靈養分。

如今，我用下一次旅行的期待，挺過「旅歸症候群」，重新回到該有的生活循環中，因為，「陣痛期」終究要適應，也終究會過去。而且，不去面對那些惱人現實，又如何籌到下次出走的旅費？

　　有些心情，是一個人旅行時獨有的，如果說獨旅是孤獨，那這些獨特的心情，何嘗不是上天厚賜給獨旅者的一種「福利」？一個人旅行的時候，我可以盡情展現自己的「懶」，當我懶病發作時，連說話都懶，這個時候，我絕對有權利做一條「懶蟲」。

　　一個人旅行，是自療的最佳時機，因為有百分之百的時間與自己交流，在最不受干擾的狀態下，把他人眼中的寂寞，視為享受。

　　一個人旅行，才可以去沒人認識你的地方。那些不認識你的人，譬如住在如同聯合國的 YH，多人房、大廳的獨旅者都會成為「隱藏版」旅伴……進而發現，原來有這麼多人都是一個人旅行，而且去過的地方比自己更多，年紀比自己小的，獨旅年資卻比自己長……原來，這個世界上有這麼多人跟我一樣「沒朋友」。

　　一個人旅行，我突然發現自己比想像中勇敢，在陌生旅途中，遇到騙子、迷路、上錯車、生病……再無助都只能靠自己解決。

一個人旅行的時候，我收起生活必備的 3C 產品，不滑手機、不看網路，也不會不知所措，因戶外的大山大水，遠比小螢幕裡的閃爍世界美麗許多。

允許自己脆弱，才能學習堅強

一個人旅行的時候，我可以誠實揭開內心深處不可讓人越雷池的禁地。只有在那個當下，沒有什麼事，不能說，沒有什麼心情，不能分享，沒有什麼傷痛，無法揭露於人前。

當我面對美景的時候，一些煩惱會漸漸消融在綺麗風光中，一些打不開的心結，會漸漸鬆動，我可以毫無顧忌地將那個一直都沒有長大的「心中小孩」召喚出來，感謝她三不五時跑出來「搞蛋」，更感激她總是給我出盡難題，讓我有機會成長。

每個人都有每個人的故事，來到這個世界上，是來學習而不是來享受，而且，允許自己脆弱，才能學習堅強。我選擇在一個人旅行的時候，治療「心中小孩」，真心誠意跟她和平共處，因為我倆「打架」多年，也該慢慢握手言和。然而，在和解過程中，我驚訝地發現這個難搞小孩比我更想去旅行。

我不適合旅行，還是照樣「出走」

不適合旅行，讓我更想出去玩

2002 年開始自助旅行，至 2018 年正好是第十六年！十六年，不就是小龍女與楊過相約重逢的日子？楊過跳下絕情谷，找到的是朝思暮想的姑姑，十六年來，我找到的又是什麼？重新檢視這十六個寒暑，我時而獨自旅行，時而有伴同行，也曾偶爾報名旅行團的套裝旅遊，目前還在擴大旅遊版圖中。

回首這十六年，我的主客觀條件，其實都不適合旅行。

我是路癡，在家附近都會迷路，還會左右不分，地圖也看顛倒，使用手機導航還是走錯路。

我會暈車，在計程車上只要半個小時，就會出現不適症狀。

我很怕冷，專科三年級那年的一次重感冒康復後，冬天也能穿裙子的體質，變成初夏必須穿長袖。

　　腸胃不好，由學生變成上班族後，備受腸胃問題困擾，自從來到公關公司，腸胃災難更是常見。

　　動過手術的左手使不出全力，拆線後，發現力氣變小了，手術疤旁邊的肌膚，知覺也漸漸變差。

　　危機處理能力偏弱，有很多偏愛單獨旅行的背包客，都有反應快、危機處理能力強的特質，我正好相反，凡事都要想很久，才能理出頭緒與邏輯，經常難以當下立刻做出正確判斷。

抵擋不了美景的魅力，不適合旅行，就找出克服的辦法（攝於奧地利多瑙河）

不適合旅行，就找適合自己的方式

　　以上這些「弱點」，確實是不適合旅行的表現，我唯一的優勢，就是不認床，不管住幾人房，住到哪睡到哪！然而，為了滿足想旅行的夢想，我一一找出克服與破解的辦法，例如容易迷路，看地圖也走錯路，手機指引還是帶錯路，就禮貌地向人問路。

　　暈車，就隨身攜帶暈車藥。怕冷，就多帶點保暖衣物。腸胃不好，就備妥腸胃藥，出門在外盡量自己做飯，以礦泉水或煮過的開水代替生水。

　　左手難使力，拖行李的時候，可以利用身體其他部位支撐重量，為力量有限的左手分擔。危機處理能力欠佳，我會經常叮嚀和提醒自己，不要在心情急躁的時候做決定，愈急的時候，愈是要告訴自己：「等我十分鐘！」然後，找個地方坐下來，好好利用這個「十分鐘」，把所有頭緒重新整理一遍，才允許自己做決定。

　　為了克服先天不足、後天失調的問題，我的行李比別人沉重，很多人都覺得我行李太多，滿滿的藥品，甚至中西藥都有，宛如「移動式藥局」。

也有人問我，夏天出遊怎麼還帶羽毛衣和風衣？但為了讓自己安心度過每一趟遠行，我寧可備而不用，缺點就是行李重了一點。

記得十多年前，當時還年輕的我，不只一次被問到，這樣的花錢旅行，有沒有想過十年、二十年後的問題……當時的我怎麼回答這種單刀直入的詢問，記憶已經模糊了，但那時的我有個疑問，生活中很多事都需要花錢，有些事花的錢甚至比旅行多，大家照樣刷卡買單，也認為那是必要開銷，但是偶而為之的旅行，怎麼反倒要被檢視對與錯？還被反問未來會不會後悔？

每個人都有自己的興趣，旅行是我的興趣

即便對旅費極度精算，譬如為節省支出，行前十個月就搶訂早鳥機票、住平價旅館多人房、外出自帶便當、未曾血拼購物，在旅遊品質接受範圍內，把經費盡量壓到最低，但荷包還是瘦了一大圈。

雖然，旅行的錢灑出去，花得再少仍是帳面上的有去無回，但卻為我累積數不清的美好回憶，對未來的生活更有期待感，同時也是苦悶生活的身心調劑，對我而言，旅行是興趣，就像有些人的興趣是打高爾夫球、衝浪、騎重機、彈鋼琴、追劇……或者其他。

青春小鳥一旦飛離，就再也回不來了

　　以前我出外旅行，可以一大早出門健行，傍晚結束行程後，又能到公園或湖邊閒晃，晚上一邊吃著自己煮的臺菜，一邊跟其他背包客談天說地，而且從未有時差問題，結束半個月的行程，次日立刻正常上班。

　　曾幾何時，我也是一大早出門，到了中午時分，身體尚未感到疲累，筋骨就開始酸痛？甚至經常不到五點就急著回到旅館休息？

　　在廚房裡一邊做菜一邊腰酸背痛，在吃完晚飯，用最快時間洗完澡，上床睡覺……從未有時差的我，竟然要一週才能擺脫時差。

　　以上種種，都在提醒我，青春一旦離去，就再也回不來了！也因為步入中年，我更適合回應當年他人問我的問題：「十年、二十年後的你，有沒有可能會後悔？」

　　十六年後，回首過往，我很慶幸當年沒有因為恐懼未知的未來，而放棄「把握現在」的權利，我不否認存款確實減少，但生活中本來就有失有得，十全十美，並不存在。

世界這麼大，美景永遠探索不完，希望自己能繼續走下去（攝於雲南東川紅土地）

無法預知的「老後」，在當下做快樂的事

如果你問我，中年的下個階段就是老年，我有沒有想過老年的問題？會不會因為太重視當下，而無視更加現實的「老後」？會不會因為錢不夠用，又沒有人奉養而晚景淒涼？會不會到時候在搖椅上後悔年少輕狂？我只能說，我沒有未卜先知的能力，我的願望很小，只希望在能牢牢把握的範圍內，做一些讓自己快樂的事。

我曾經是一個對旅行毫無興趣的人，都是在半推半就的情況下跟著出門，那時的我，有料到現在的自己是將旅行當成生活的一部分嗎？我知道社會上很多人過得很辛苦，每天都在與殘酷的現實生活拔河，但我即使不是一帆風順，仍然在夾縫中覓得一絲喘息空間，就算只有半個月的旅行，也都是受到上天的眷顧，且行且珍惜。

第 2 章

那些三年，

我和我自己的自療旅程

一邊玩、一邊療癒疲憊的身心

每天為生活賣命，值得嗎？

忙碌的上班族每天焚膏繼晷為生活賣命，平日加班到凌晨，甚至夜宿公司，導致長期忽略運動，體能已被工作消磨殆盡，由初出校門的熱血青年迎向中年，漸漸感到體力著實大不如前。

一旦有機會「出走」，卻不想只在大城市逛街買紀念品，但由於缺少勇腳體力，即使希望能造訪「非玩不可」的人間仙境，也常常力不從心……

然而，誰說美好景點，一定要翻山越嶺、跋山涉水，才能看得到？本章「那些年，我和我自己的自療旅程」就是專為忙碌上班族設計的輕鬆「出走」行程，可以讓你邊玩邊療癒疲憊不堪的身心。

你有多久沒有無所事事地發獃放空（攝於昆明翠湖公園）

有空到大自然走走，吸收一些心靈的芬多精（攝於斯洛文尼亞文特加峽谷）

　　本章規劃設計的「出走」自療行程，有以下三個特色：

一、體能不好，也能輕易到達驚世景點，每個絕景和祕境，都美到
　　讓人想到那裏「失蹤」，尋找久違的寧靜與安閒。

二、完全不需趕時間，所有的路線都能輕鬆走、慢慢閒逛、慢慢接
　　近大自然，心無旁鶩地跟自己對話，甚至專心發獃放空，讓自
　　己可以在旅程中一邊玩、一邊達到療癒抒壓的目的。

三、只要身心健康，這些自療行程，即使是中老年人也不需跟團，
　　也能一個人自助行，但必須暫時拋開現實生活所有紛擾，不要
　　讓自己的「心靈行李」裝太多會拖慢腳步的惱人事務！

　　接下來，就請你跟我一起進入我的自療旅程。

熱門湖區也有忘我之境（奧地利）

厭倦大城市的繁華喧囂，你還相信在這個世界的某個角落，存在著「無聲」的寧靜天堂嗎？

想找一個安靜的地方「自療」疲憊的身心，讓自己專心一致在如詩如畫的景致中，傾聽自己的內心、跟自己對話嗎？跟我這樣走，你也會跟我一樣，對「寧靜」有不同的體會和認知。

清幽佳景在眼前乍見，卻沒有一點聲音，是來到上特勞恩第一個直覺

行程資訊

- 建議停留天數：3 至 4 天
- 建議住宿地點：上特勞恩
- 路線規劃
  - 行程 1：上特勞恩－哈爾修塔特－高薩湖－上特勞恩
  - 行程 2：上特勞恩－聖沃夫岡－上特勞恩

行程 1

上特勞恩 ➤ 哈爾修塔特 ➤ 高薩湖 ➤ 上特勞恩

上午由上特勞恩出發，到碼頭搭船至哈爾修塔特，再搭乘公車前往高薩湖，傍晚返回哈爾修塔特，再搭船回上特勞恩。

挑戰寧靜最高境界－上特勞恩

下了火車，拖著約 20 公斤行李走在上特勞恩（Obertraun）鄉間小路，有一種愈走愈發毛的錯覺。看到沿著綠地而建的一幢幢小木屋，潺潺流水在草皮間緩緩流向不知名的盡頭深處，綿延的青草地有不知名的小黃花點綴，映入眼簾的清幽佳景，只見遠山如黛，近水含煙，可是怎麼沒有一點聲音？

沒有鄉村該有的蟲鳴鳥叫與蟬唱，沒有車輛經過，甚至街道上也空無一人，我問自己：「這個城市有活人嗎？」

雨後，在上特勞恩鄉間小徑悠閒地
騎著單車，好像天地間只有自己

清晨九點來到碼頭邊，上特勞恩依舊靜謐無聲，那就一個人坐擁湖光山色吧

　　如果有人，怎會沒有人聲？如果沒有人，一間間林立小木屋中又住著誰？一切只見景不見人，連尋覓「聲音」都是奢求，不過，這不也是我當初放棄哈爾修塔特，選擇在上特勞恩落腳的原因嗎？

　　當年我為了薪資考量，放棄到南部工作，留在令我難以透氣的喧囂台北，還一腳踏進忙到像陀螺的公關業，好不容易安排一趟旅行，我希望留給自己追求寧靜的權利，選擇讓心靈可以徹底放鬆的地方。

　　當我走在上特勞恩的街上，驚喜地發現，上特勞恩的靜，可以到深沉靜謐近乎無聲的境界，讓我相信柳宗元筆下「千山鳥飛絕，萬徑人蹤滅」的描寫絕無誇飾。

　　既然沒有聲音，五感中的聽覺暫時失效，也讓其他感官敏銳起來，清新的空氣送來融合花香、草香、葉香的芬芳氣味，在蜿蜒小徑中慢慢擴散，讓我可以輕易地嗅出風的味道 、花草的味道、人生的味道。

　　終於，呼嘯而過的車聲畫破寧靜，又見到緊閉的門扉被開啟，住在童話小屋裡的人走出來整理花草，偶來也見到當地住戶在鄉間小徑悠閒地騎著單車，才恍然驚覺：「這是一個有人煙的城市」。

　　上特勞恩緩慢的生活步調，如同退休般樂活，完全沒有趕時間的理由，不趕時間，才能讓我用五感體會世界的美好，把最徹底的感官饗宴，融入生活中，這就是歲月靜好的最佳詮釋吧！

◈ 住上特勞恩的理由
　環境清幽寧靜，與熱門的哈爾修塔特鄰近，住宿較便宜，訂房更容易。
◈ 交通攻略
　如由維也納搭乘火車出發，車程約 4 小時至 4 小時 30 分，會先抵達哈爾修塔特，下一站便是上特勞恩，車程距離約 4 分鐘。
◈ 注意事項
　上特勞恩是一個十分鐘就能逛完的鄉間小鎮，主要生活機能就是一間中型超市，日常生活用品皆有販賣，只營業到 18:00。
◈ 周邊延伸景點
　Dachstein Salzkammergut 冰洞
　交通：由上特勞恩搭乘 543 號巴士在 Obertraun Dachsteinseilbahn 站下車，
　　　　約 10 分鐘可達冰洞景點。
　購票：可購買包含纜車、冰洞、長毛象洞的參觀套票，大人票價約 40 歐元。
　官網：https://dachstein-salzkammergut.com

驚為天人之美－哈爾修塔特

是我起得太早嗎？上特勞恩的碼頭邊，竟然沒有半個人，我徘徊許久，正在思考著，是不是改搭公車，或者搭火車前往哈爾修塔特（Hallstatt），但一生能有幾次，一個人坐擁湖光山色？

悠遊湖上的愜意，更不是迅捷的巴士、火車能取代的。我靜靜站在碼頭邊，漸漸增強的陽光，為清晨的涼意加溫，溫暖了等船的時刻。

一湖碧水，讓哈爾修塔特宛若人間仙境，不論在哪個角度，都美得像人間天堂

　　歐洲的風，總像加了冰塊般冷冽，一旦有了陽光的祝福，便消除寒意，化為陣陣舒心沁涼。

　　船公司的人來了，引導我搭小木船。大部分遊客都直接湧進哈爾修塔特，才讓上特勞恩的碼頭杳無人跡，那天早晨，竟然只開出一艘小船，我是船上唯一的乘客。

　　匆忙的人生，能有幾回如此這般悠閒？哈爾修塔特湖，就像夜空中的星辰，幻化為鑲在地面上的「流動寶石」，只有搭船，才更覺得周邊的山水都在擁抱自己，好似與世隔絕，連心靈都不自覺地想親近它們。

　　隨著靠近目的地，周遭的景致在我面前緩慢變化，環繞湖水的群峰，深邃的湖面，隨著陽光注入透亮的清光，倒映出水平面上層層峰巒的絕妙姿容，彷彿將畫家筆下的水墨寫生，等比例放大融合在湖裡。

　　我看到平滑如鏡的湖面倒映出天空、山嶺、湖邊小木屋與教堂，交織出一幅「湖中山水圖」，船隻也即將靠岸了，但我真的不想下船，只想在這幅寫意水墨畫中，爭取一絲絲的停留時間。

搭著船，徜徉在深邃的湖面，覺得自己被周邊的山水擁抱

隨著陽光的灑落，交織出一幅湖中寫意山水圖

　　被阿爾卑斯山群山簇擁的哈爾修塔特（Hallstatt），位於鹽湖區(Salzkammergut)，長年被喻為奧地利湖畔最驚為天人的靚麗小鎮，在 1997 年被聯合國教科文組織列入世界遺產，為這桃花源般的小鎮增加造訪誘因，但是，近年大量觀光客造訪，也帶走了湖畔該有的靜謐。

　　漫步在湖邊，我漫無目的地行走，沿路只見周遭千山一碧，阿爾卑斯山山脈簇擁，一湖碧水靜靜流淌，我有了新發現，即便是觀光客雲集，哈爾修塔特仍是宛若仙境，不過，她的美不再是與世隔絕，而是昇華成入世紅塵般的人間天堂。

因用地受限，哈爾修塔特的木製建築有不少蓋在峭壁、半山腰或湖畔，倚山臨水的民宿或商店的屋體、窗櫺、壁面、陽台多為木頭打造上色，甚至連船屋也是木製，大多數的屋宇設計風格簡單大方，沒有複雜的線條或刻意的裝飾，房屋密集卻分布整齊，絲毫不會感到凌亂。

沿著房子生長的樹牆，是哈爾修塔特的特殊景觀，更是難得的綠色呼吸

　　我想到的是，過去看過太多天災畫面，土石流崩塌、強震將房屋連根拔起，而哈爾修塔特這麼密集地依山傍湖而居，一定有良好建築架構與水土保持，且不會為了開發而濫伐山坡地，才能讓當地人安心居住在半山腰和湖畔，以迎接每天成千上萬的旅客。

　　我繼續沿著湖邊步道往深處走，仔細觀察周邊的房子，看到沿著房子生長的樹牆（espalier），而這些樹牆並非只是裝飾用，與牆親近依附生長，可為樹帶來更多溫暖，幫助果樹結出果實，特別是水蜜桃樹或杏桃樹，沿牆而生讓它們在陽光的照拂之下，順利開花結果，也形成哈爾修塔特這個小鎮特殊的街景，對我這種城市鄉巴佬而言，是非常難得的綠色深呼吸。

　　經過窄巷，我來到馬克廣場（Marktplatz），這裡是鎮上商業活動最熱鬧的地方，保留著許多 16 世紀的房屋，廣場周邊建築也更富色彩，餐館和紀念品店也在此集中，因而讓來哈爾修塔特小鎮觀光旅遊的旅客聚集在此，是鎮上商業化最濃厚的地帶。

　　走到這裡，不得不承認，哈爾修塔特食盡紅塵煙火，現在已充滿觀光商圈的商業氣息，很多旅行團在此下榻，各種語言在耳畔交雜，在窄巷裡有時寸步難行，川流不息的觀光客對著湖畔指指點點，並拿起相機或手機，紛紛按下快門將湖光景色收進記憶卡裡。

　　我仍堅信，只要湖山依舊，山依舊是山，水依舊是水，哈爾修塔特仍然是清麗脫俗的本質，不妨在眾人皆睡我獨醒的清晨時分，獨自出行，半睡半醒的小鎮將會釋出繁華前的初心與真醇。

◇ 交通攻略

1. 由上特勞恩到哈爾修塔特，可到上特勞恩火車站旁的湖邊，搭乘 8 至 12 人座木船，航程在 20 分鐘以內，一路上可享受被 360 度湖景包圍的幸福感，淡季時由於船班少，因此，去程最好與船公司預約回程時間。

2. 到上特勞恩火車站對面的小教堂搭 543 號巴士，車程約 5 分鐘，即可抵達哈爾修塔特，這是當地人推薦最方便的交通方式。

3. 到上特勞恩火車站搭火車 4 分鐘到達，下車後轉乘渡輪到對岸的哈爾修塔特，航程約 7 至 10 分鐘，但火車轉渡輪的方式較麻煩，較少人選擇這種方式。

◇ 旅宿

哈爾修塔特太過熱門，民宿的住宿費偏高，如仍堅持在此留宿，旺季造訪最好提早半年預訂。另外有些民宿會限定住宿天數，例如只接受 3 天以上的訂房。

◇ 注意事項

哈爾修塔特的民宿有不少建在半山腰，旅客必須有自行搬運沉重的行李爬木梯的心理準備。

◇ 周邊延伸景點

Salzwelten 鹽洞

購票：哈爾修塔特也是知名鹽礦產區，有歷史最悠久的鹽洞，纜車票含導覽，大人票價約 30 歐元，最新票價可至官網查詢。

官網：https://www.salzwelten.at

在上特勞恩，很容易找到令人出神忘我的角落

琉璃仙境般的湖山勝景－高薩湖

　　與觀光人潮絡繹不絕的哈爾修塔特相較，距離約 40 分鐘車程的高薩湖 (Gosausee) 如同隱士避居的化外之境，也像神仙精靈的修煉場所。乘坐巴士到高薩湖的途中，我坐在靠窗位置，一路盡覽綠意盎然的歐洲鄉間美景，親眼見到湖泊，我恍然大悟，人間確實有仙境，而且是下車即達的距離。

　　我由入口走進步道，再由步道邁向湖邊，完全不知該如何形容當下的心情，是驚豔？是狂喜？是悸動？出世的騷人墨客，是否就此醉飲山林？

一下車就能到達的琉璃仙境，是上天對高薩湖的祝福嗎

高薩湖是觀光客口耳相傳的知名景點，卻帶著私房景點般的空靈

但見高薩湖如同被群山環抱的碧璽色琉璃，深壑峻嶺秀峰相連無比偉岸，奧地利最高峰高達赫斯坦山（Hoher Dachstein）山頭白雪經年不融，雪山湖景倒映在湖面上，隨性生長的植物迎風擺動，同樣映照在湖裡，所有的景致瞬間凝在一池碧綠中。

我發現高薩湖的美真的很低調，明明是知名景點，卻帶著私房景點般的神祕與靈氣，它的低調綻放著萬丈光芒，讓人由內心深處湧上驚嘆聲。在四下只有一個人的時候，高薩湖畔略險荒涼，唯有此時，才能深情停駐，讓心靈不被打擾的與這湖、這山、這深林、遠方的純淨殘雪情景交融，將時間定格在無窮的寧靜裡。

高薩湖，如同隱士避居的化外之境

我架起三腳架，準備捕捉湖鏡倒影，突然耳聞一段聽不懂的語言，不經意回頭而望，我看到一位老先生推著滿頭白髮的老太太，沿著高薩湖環湖，老先生時不時低下頭，指指湖面，像是在哄小女孩

老先生推著輪椅，帶白髮蒼蒼的妻子同遊高薩湖

般對老太太說話，老太太臉上洋溢著滿足的笑容頻頻點頭，回話的時候，流露著少女般的羞澀。

親愛的老先生，如果我們能聽懂彼此，你能不能告訴我，這裡是你們當年的定情之處嗎？當時青春年少，她就是在這片林間絕景的見證下，答應嫁給你嗎？

曾經共同走過千山萬水，即使現在她行動不便，你還是堅持帶著她跟你一起旅行？你是不是想：「只因身旁有一個妳，美景才是真正的美景！」

　　雖然我還是不知道這對老夫妻在聊什麼，但我轉了一下腳架方向，將老先生與老太太的背影，定格在相機中。

　　步入中年後，對這種相知相守、天長地久的感情更有感觸，這種像白開水一樣平淡的感情遠比高調曬幸福的熱戀令人動容，我長年見證怨偶如仇敵般互相憎恨，仍勉強共同生活維繫一紙婚約，法律保障婚姻，卻維持不了激烈爭執中早已蕩然無存的感情。

　　思緒至此，愈發體認沒有什麼樣的感情，只能依循著順理成章的人生道路，以及套用別人認定的幸福公式。真的不適合，真的還沒準備好，或者怎麼努力還是得不到「真愛」，那就好好享受上天恩許的，屬於「一個人」自由吧！

　　高薩湖是鹽湖區中最高的高山湖泊，石灰岩地質加上冰河消融，導致湖水水質冰涼、透明清澈，甚至達到飲用標準，提供湖裡各種魚類優良生長環境，也讓喜愛水上運動的遊客多一個潛水天堂。

　　高薩湖的實景絕對比後製過的照片更美，也成了我奧地利之行中最美麗的邂逅，別再說高薩湖偏僻荒涼，那是一種來自大自然最樸實的祝福。

◆ 交通攻略

1. 由哈爾修塔特（Hallstatt）到高薩湖，車程在 40 分鐘以內。於哈爾修塔特的蘭恩（Lahn）碼頭搭 543 號巴士，在哈爾修塔特 Gosaumuhle 站轉乘 542 號巴士抵達 Gosau Postamt 站，便可健行，時程 2 小時左右。

2. 在哈爾修塔特 Gosaumuhle 站下車時，542 號巴士約停留 5 至 10 分鐘左右，周邊也有湖景可供拍照，但需注意巴士何時發車。

3. 環湖步道平坦好走，沒有累人的陡坡，沿路上也有木椅供休憩。

◆ 注意事項

1. 哈爾修塔特 Gosaumuhle 轉乘站點，及步道前的 Gasthof Gosausee 餐廳有免費廁所供使用，可在此先上完廁所，因進入環湖步道後，一路上都沒有洗手間。

2. 高薩湖周邊高山湖泊景致之美以晴天最經典，如停留天數足夠，前往時，建議避開陰雨天。

無窮的寧靜中，希望時間能定格得久一點，讓我繼續放空

雨後的朦朧－聖沃夫岡

聖沃夫岡（St. Wolfgang）是一個有千年歷史的懷舊小鎮，一來到這裡，就發現這是一個很不尋常的地方，明明商業氣息極為濃厚，步調卻非常緩慢，街道上的所有人，踩踏的都是悠閒的步履，既然大家都不趕時間，我又何必急著走呢？我看到小鎮上有許多工筆細緻的彩繪牆面，就像是故事書裡的童話小屋，充滿童年色彩，也有很多創意十足的紀念品店家，在店門口、櫥窗內展現可愛的布置創意，一邊做觀光客的生意，也一邊大方展現充滿童心的生活品味，每進一間紀念品店，就覺得又回到久違的童年時光。

懷舊小鎮聖沃夫岡，店家展現的櫥窗藝術，同時也是生活品味

聖沃夫岡是奧地利另一個湖區，一座冰河切割的湖，位在阿爾卑斯山山腳下方，傳說中是一個受到神諭祝福的好地方，中世紀至今都是避暑天堂，一座平靜的冰河湖泊，更是小鎮畫龍點睛的一筆。當我由小鎮往湖邊步行時，突然下起毛毛雨，雨後，仍不見陽光露臉，我

雨後的沃夫岡湖，讓人站在湖邊就覺得幸福

站在碼頭的甲板上看湖，沃夫岡湖 (Wolfgangsee) 湖面少了波光閃鑠，也沒看到無限流轉的光影色彩，甚至有些模糊。

只見煙籠寒水，山嵐繚繞，正如越縵堂日記所言：「山外煙嵐，遠近接簇」，整座沃夫岡湖，還有環湖的重重峻嶺，就好像罩了一層薄紗，若隱若現妝點著小城景致，湖面確實少了點色彩，但你不會覺得它不美。這種美是雨後帶來的朦朧，堅持低調，遮掩繁華，因為不清晰，讓人覺得若即若離，如夢似幻，更有一種療癒人心的魔力，令人回味無窮。

陰雨天，讓沃夫岡湖少了鮮豔的色彩，仍有引人入勝的美

　　六月，其實已進入旅遊旺季，湖邊卻只有零星幾人，都是獨行至此，這些人也是來此展開「自療之旅」？不然也不會跟我一樣在這灰濛濛的陰雨天，在沃夫岡湖畔靜坐數小時。

　　湖，不若海的廣闊，也不會像海一樣，捲起洶湧的波濤，湖帶來的感動，是更加輕柔的，悄悄地走進心靈長駐。世界何其大，湖景何其多，不知道這輩子會不會再回來這裡，但我能肯定的是，湖邊，仍會是我下一個短暫出走的地點，而且再忙也要來。

旅遊指引

◇ 交通攻略
　　先由上特勞恩和哈爾修塔特都能搭火車直達巴德伊舍（Bad Ischl），車程約 30 分鐘，再轉 bus 546 直達聖沃夫岡，車程約 40 分鐘。
◇ 周邊延伸景點
　　溫泉小鎮巴德伊舍
　　交通：搭乘大眾運輸工具前往聖沃夫岡，在溫泉小鎮巴德伊舍轉車。
　　提醒：這裡是「奧地利的伊莉莎白」－西西公主與奧地利皇帝兼匈牙利國王法蘭茲，約瑟夫一世訂情之處，如不趕時間，可以徒步方式遊逛。
◇ 延伸資訊
　　1. 奧地利國鐵：http://www.oebb.at/en
　　2. 奧地利湖區郵政巴士：http://www.postbus.at/en
　　3. 奧地利湖區渡輪資訊：http://www.hallstattschifffahrt.at

阿爾卑斯山山下雙明珠－
布列德湖、波因湖（斯洛文尼亞）

　　第一次注意到斯洛文尼亞，竟然不是它驚豔世人的勝景，亦不是數百年歷史的紅瓦白牆中古世紀城鎮，或源自 18 世紀的巴洛克建築、文藝復興式城堡，更非盤踞在街頭的霸氣飛龍橋，而是一則學校校長與女老師外遇被偷拍的新聞，學生將偷拍影片瘋傳，校長不敵輿論壓力走上絕路，我順手搜尋了這個陌生的國家，因而知道這個不曾過度文明開發、高密度原始森林遍布的斯洛文尼亞，擁有猶如仙境的布列德湖與波因湖。

　　歐洲有很多魅力湖泊，布列德湖絕對榜上有名，位在鄰近市區的地方，享受便利生活與交通機能，也能輕易到達湖邊慵懶賞湖；波因湖雖不若前者熱門，卻多了一分難得的幽靜與靈氣。環湖而行，走入深處，森林風貌更如典型的荒郊野外，甚至會遇不到人，來到這裡，獨旅，不是孤單，而是享受。

行程資訊

- ✪ 建議停留天數：至少 3 天
- ✪ 建議住宿地點：布列德
- ✪ 路線規劃
  - 行程 1：布列德－布列德湖－布列德
  - 行程 2：布列德－波因湖－布列德

碧綠暈染一抹幽藍－布列德湖

　　舉世聞名的湖各洲都有，但你不會因為看遍湖景而繞過布列德湖 (Lake Bled)。布列德在奧匈帝國時期就是水療度假天堂，後又成南斯拉夫皇室避暑勝地，在南斯拉夫解體前曾受共產統治，當時也將此地用來招待國外政要，時至今日，各大洲都有像你我一樣的朝聖者，因為打從心裡的愛慕，用膜拜的心情，前往尋訪世外幽境，如果你覺得平日的生活完全無法忙裡偷閒，來看布列德湖，就會覺得心清腦明。

有湖、有山、有城堡、有教堂，是布列德湖勾勒出來的夢幻童話

來到布列德湖當日上午，是風清雲淨的晴天，我看見陽光錯落，湖面熠熠生輝，湖中雪白睡蓮在陽光下開綻，在蓮葉的簇擁下靜臥水中，縷縷光線又灑向湖畔的繡球花，讓花朵更

清晨的布列德湖，平靜無波，岸邊的花朵，更加嬌豔，讓人駐足許久

加嬌豔欲滴，這裡只是進入布列德湖看到的第一個景色，還沒開始健行，我就想在這裡坐一整天，但湖畔景致總在健行時出現驚喜，只有走完一圈，才有機會看遍不同角度、不同風貌的美。

我沿著湖畔輕鬆步行，時而走在湖邊，時而遁入林深不知處，極目遠望，日光在湖面上注入的金色光線，畫破水面，遠方的青峰翠巒峰峰相連，映入湖中出現逐漸清晰的倒影，結合布列德島（Bled Island），及島上的聖母升天教堂（Pilgrimage Church of the Assumption of Maria），形成一幅水中佳畫。

布列德湖有著不可方物的豔麗，讓我每走幾步就駐足停留，有時也覓一棵合抱之木，隱身樹後，阻斷與其他觀光客的交集，透過濃濃的綠蔭望去，垂落水面的枝條，疏影橫斜，錯落有致地映在布列德湖中，該怎麼形容如此純粹的綠？是不是哪個畫家在森林寫生殘餘的顏料，與湖水交錯渲染出美麗的翡翠色？

樹蔭下的布列德湖，翡翠色的澄淨湖水，帶來成群的小魚

　　游往樹蔭方向的小魚，群聚數百隻，牠們是在歡迎我這個不速之客，還是在撒嬌討麵包吃？例行生活不管是身體的疲憊，還是心靈的疲軟，只想與極目所見的水中綠意再靠近一點，用一湖清新，為我清洗所有源自現實生活的負面情緒。

　　環湖的時候，最好的旅伴是湖心小島上的聖母升天教堂，在湖邊走的每一步，都有她的倩影相隨，巧妙的與鄰近的湖山融為一體，時而聽見教堂的鐘聲，是不是有人敲鐘三下許願，他的願望，是不是真如傳說所言，一定能在未來實現？

　　偶有啁啾的鳥鳴伴著清冽的山風傳來，只覺得神清氣爽。隨著光線折射，湖面色彩也起了變化，原本是如玉的碧綠，現在暈染出一池不著邊際的幽藍，但這抹微藍卻顯得若有似無，讓人分不清是綠還是藍。走入深處，愈是看不到遊客，周遭回報我的，是更樸實自然的森林湖景，愈是沒有人的時候，我會愈想獨自坐在湖邊，藉著放空，聽聽曠野的跫音、山谷的回音，暫時性地遠避人群，有助於沈澱自療，當我面對眼前湖景忘我之時，也很清楚我熟悉的周遭正上演比狗血八點檔更驚天動地的爭峙，這也是我回國後必需再度面對的現實，因為我只能短暫出走，沒有辦法真正一走了之，在這個當下，我只想讓自己當一個貪看美景的人，並提醒自己在回歸現實生活後，抓住還有理性的自己，不隨之起舞。

　　站在令人渾然忘我的湖景之前，也讓我想起《亂世佳人》電影裡的郝思嘉，她到最後已經一無所有，連曾經深愛她的白瑞德也對她嗤之以鼻，甩頭就走，好像全世界只剩自己一個人，她卻能鼓勵自己：「明天又是全新的一天！」這句話成了電影經典對白，也成了至理名言。命運對人總是不留情面，極盡所能的摧殘，即便郝思嘉的命運來自於自作自受，她卻用輕描淡寫的方式，為自己的遭遇下註解─即便再孑然一身，還是有等待幸福、追求幸福的權利。

黃昏的布列德湖，在夕陽下呈現天空般的碧藍調

　　在著名湖區乘船遊湖是很普及的活動，來到布列德湖，只能搭乘手工打造的無龍骨平底搖櫓船 (Pletna)，也就是為了不讓渡輪引擎、排放的汽油污染純淨水質，船伕必需徒手划槳，划動載著十多名旅客的船隻，實在是臂力大考驗，聽聞當地的「搖櫓船產業」是傳承數百年世襲制，至今已成布列德獨一無二的招牌。沒有渡輪，想必讓當地觀光收入大為減少，但成功保持水質純淨，給游魚、水鳥快樂生長的樂活天堂，也讓自然景觀永續長留，長遠來看，反而能迎接更多觀光客的到來，吃虧就是占便宜，也是這個道理吧！

　　有人說：「知足常樂之餘，莫忘即時行樂。」如果人生如酒，此時此刻，只想一醉方休，只因為布列德湖太美了。

手工打造的無龍骨平底搖
櫓船，用最環保、不破壞
水質的方式遊船

◆ 交通攻略
　　1. 由首都盧布亞納（Ljubljana）巴士站搭巴士到布列德，車程約 1 小時 20 分鐘。
　　2. 由布列德旅客中心直走 5 分鐘內可到達湖邊。
　　3. 可用環湖步行、搭乘搖櫓船、馬車的方式環遊布列德湖，又以步行最能深度
　　　遊覽。

◆ 注意事項
　　1. 眺望布列德湖全景，可登上布列德城堡，或攀上 Ojstrica 或 Osojnica 觀景
　　　臺，登觀景臺的遊客眾多，因為一來免費，二來視野更佳。
　　2. 登觀景臺需進入森林，沿路有指標，30 分鐘內可到達，為環湖行程中稍微辛
　　　苦的路段，由湖邊進入通往觀景臺的森林，這段路較難找，找不到路可先詢
　　　問當地人或遊客。
　　3. 兩大觀景臺又以 Ojstrica 較輕鬆好爬，但攀上觀景臺前的環形石丘較陡，攀
　　　爬時需小心，Osojnica 距離較遠，坡度更陡峭，建議平日不運動或平衡感不
　　　佳者走 Ojstrica。
　　4. 沿湖岸環湖約 2 小時內可完成，建議放慢腳步，邊走邊拍照，健行時間拉長，
　　　才能享受美景。
　　5. 環湖一周，路途中會有付費公共廁所，但不同點的公廁距離遠，路途中也有
　　　許多流動廁所，但清潔度不足。

◆ 周邊延伸景點
　　文特加峽谷（Vintgar Gorge）
　　交通：在布列德旅客中心前搭乘巴士前往，車程約 25 分鐘，可到達知名景點文
　　　　　特加峽谷。
　　提醒：文特加峽谷有清新森林芬多精、湍急的瀑布、溪流，健行途中水流聲環
　　　　　繞耳際，是斯洛文尼亞相當原始的自然景觀，健行來回約 1 小時 30 分鐘，
　　　　　建議將健行時間拉長為 3 小時。
　　購票：需在入口買票才可進入，票價約 4 歐元。
　　旅食：回程可在附近的餐廳享用新鮮鱒魚餐，店家標榜鱒魚都是由周邊清澈的
　　　　　湖裡打撈。

斯洛文尼亞最漂亮的地方－波因湖

　　波因湖（Lake Bohinj）位在特里格拉夫國家公園（Triglav National Park）邊界，被阿爾卑斯山群環抱，它是布列德湖的三倍大，但健行起來卻更輕鬆，我在每一個角落駐足的時間也愈長。沒有湖心小島與島上教堂，也沒有危崖上的城堡，卻有臨河而建的石橋，臨橋的聖約翰浸禮教堂（Church of St. John the Baptist），有七百年歷史，至今維持中古世紀風貌。

波因湖名氣不如布列德湖，卻更有天然之態，景致渾然天成

當下豔陽在天，湖水呈現草綠與淺綠色交錯的層次

　　波因湖的名氣不如布列德湖，少了觀光氣息，卻有前者沒有的原始純淨，它不若布列德湖光芒四射，卻有一種淡淡的幽微韻致，它不像布列德湖處處驚為天人，卻有無瑕的空靈與清靜，它沒有布列德湖色彩鮮明，但色調更為舒適柔和，因此，也不難想像，為何波因湖會被喻為斯洛文尼亞最漂亮的地方。

　　對於想暫時「脫離」人群的人，這裡絕對是神隱的天堂。波因湖少見成群結隊的旅行團與學生校外教學團，多是三、五好友共遊、親子闔家出遊，以及隻身獨行的旅人。

我往臨河而建的石橋反方向健行，首先遇到的是在草叢打滾與曬太陽的幼鳥，往湖的方向看去，波因湖這時呈現的是有層次的綠，草綠與淺綠色交錯，與湖畔綠草，四周的青山碧樹勾勒出一幅湖山同色的景致，湖邊船屋、湖上幾點輕帆，則是這幅綠意風情畫中，神來之筆的點綴。不知是不是錯覺，總覺得波因湖湖面水鳥、湖中游魚的感情特別親密，當水鳥游向魚群時，彷彿有牠們專屬的對話語言，維繫著在波因湖同生共存、互依互靠的情感。

　　波因湖的靜謐，是不是也感染了造訪的遊客。來到波因湖，走得愈深處，會發現獨旅的遊客更多，腳步也放得更慢，而且停停走走，甚至有人坐在鄰湖的岩石上，面對湖心不發一語，這讓我想起瓊瑤劇《幾度夕陽紅》裡的凌萍，看見何慕天心事重重地面對眼前的夕陽若有所思，因而問他：「你在夕陽下找什麼？」

　　我也不禁想知道，在波因湖畔一言不發的旅人，是不是也在追尋著什麼，為什麼可以這麼專注？彷彿天地間只有自己一個人？在他們眼中，波因湖裡，到底有什麼？他們又在湖邊找什麼？是有遺憾卻又無怨無悔的青春？是沒有結果卻又刻骨銘心的感情？是還沒開始就結束的錯緣？是不想面對又卻不得逃避的現實？或者，只是單純想與絕景相融，與這天光、這雲影，一起定格在天地間？

　　波因湖曾有這樣的故事流傳。有一隻名叫 Goldhorn 的山羊（又叫 Zlatorog），相傳牠的黃金角可以打開藏在特里格拉夫山周圍的財寶。曾有一位年輕獵人愛上一位漂亮的女孩，帶著鮮花想對她表白，卻有一位來自威尼斯的商人以珠寶贏得女孩芳心，而且帶她去跳舞，當獵人找到女孩時，卻被女孩嘲笑，只好失望的離開。

　　有一位綠獵人勸服這位年輕獵人，在夜晚時分一起去抓 Goldhorn，藉此得到金銀財寶，守候到早上才等到牠出現，於

山羊 Goldhorn，相傳牠的黃金角可打開藏在特里格拉夫山周圍的財寶

是他們追捕並射殺 Goldhorn，這隻垂死山羊拖著殘軀來到窄小的岩架上，這時年輕獵人看到地勢危險的小道上，開著最美麗又具有療癒作用的花朵，綠獵人催促年輕獵人趕快抓住 Goldhorn，要是牠把花吃下肚，一切都來不及了。

不過，還是晚了一步，Goldhorn 吃下花朵後，產生強大的力量，牠向年輕獵人衝過來，但年輕獵人心裡想著黃金角即將到手，內心狂喜不已，一時盲目失去平衡掉入山裡，他的屍體順著梭卡河（River Soca）流入溪谷中。

現在 Goldhorn 的雕像就在波因湖邊，目標相當醒目，相傳牠能保護特里格拉夫山的寶物。故事聽起來模稜兩可，有頭無尾，中間也少了很多情節交代，但也讓我了解為何波因湖邊有這麼一座山羊塑像。

這片淺綠的水流，晶瑩閃亮中透著靈氣

波因湖比布列德湖大三倍，自然健行時間也愈長，走入森林時，常踩著沙沙作響的落葉，林間深處，更是空不見人，我常由樹的枝椏間隙中，窺視以波因湖為中心的錦繡河山，原來樹的後方也是天然觀景臺，能看到有著樹影與陽光交織出來的洞天福地。

斯洛文尼亞還真是處處天然寶藏，這附近的居民真有福氣，最天然的美景就在日常生活中，來到這裡，我只想珍惜這片刻的不語，然後，用寧靜無塵的心，虔誠地與眼前的美景建立默契……最後我想誠摯地告訴你，波因湖，真的很適合一個人來。

旅遊指引

◈ 交通攻略
　　在布列德旅客中心前搭乘巴士前往，沿途好幾個停靠點，在最後一站 Bohinj
　　Jezero 下車，可直達波因湖邊。
◈ 注意事項
　　1. 波因湖環湖約 4 小時內可完成，但沿途景致宜人，建議排定一日行程。
　　2. 波因湖沿途的公廁更少，且多為清潔度不足的流動廁所，環湖時走入中段後，
　　　 會有一段很長的時間沒有洗手間可以使用。

曠野的深情呼喚－
維利卡放牧高原（斯洛文尼亞）

　　維利卡放牧高原保留著歐洲古老傳統放牧方式，傳統木屋也維持著來自遙遠時代的古樸，是斯洛文尼亞境內的世外桃源景點，中文版的坊間旅遊書卻不常介紹它。天空開闊似穹廬，籠蓋翠綠無際的四野，成群的牛隻不在圍欄裡，而是在這片廣大的曠野間享受自由的空氣，映入眼簾的景致，盡是詩情畫意，彷彿與市區隔著時空般的距離。

高原上特有的小木屋，維持古世紀風貌，被當成文化遺產保存

行程資訊

行程資訊
- ◑ 建議停留天數：至少 2 天
- ◑ 建議住宿地點
  Kamniška Bistrica 或維利卡放牧高原周邊民宿。
- ◑ 路線規劃
  以維利卡放牧高原為主要觀光景點，行程尾聲可撥半天的時間至卡姆尼斯加．畢斯翠卡谷，享受一個人的獨處時光。

穿越到古人的世界－維利卡放牧高原

　　什麼樣的地方，沒有聯外的大眾運輸交通工具？甚至連開車也無法進入，必需靠著轉乘空中纜車與驚險的滑雪纜車，才能踏上這片世外淨土？下了讓我心驚膽跳的滑雪纜車，走了一小段略顯顛簸的坡麓，終於來到維利卡放牧高原（Velika planina）。

　　這裡是中古世紀的阿爾卑斯山高山牧場嗎？連綿無盡的蒼茫曠野，萋萋芳草碧綠如茵，環山而生的雲杉、松林綠樹成蔭，散布在高原上的百間松木屋、頂板小木屋與牛舍，屋頂幾乎向下延伸至地面，往地板下垂，聽聞是為了遮蔽飼養的家畜。這時我發現成群的牛隻不是在柵欄內，而是圍繞在造訪此地的旅客身邊，甚至會撒嬌似地向遊客討東西吃。這些畫面，原本一直是來自若有若無的童年，源自立體書、懷舊卡通的殘留印象。

一段空中纜車，一段滑雪纜車，讓人如同穿越至中古歐洲桃花源

因為無法觸及，因為嚮往，而在腦海中放大想像，虛幻的殘影終究縹緲，但想像和嚮往竟然一瞬間變成真實。維利卡放牧高原，是歐洲版本「桃花源記」的場景嗎？莫非，在智慧型手機、網路、平板電腦普及的今天，仍有人過著古代的放牧生活嗎？

　　在這裡長居的人相當稀少，一旦到了夏季時分，一群農民帶著他們賴以為生的牲口來此放牧，豐美的牧草讓牛隻糧食充足，得以安心生活，他們的放牧方式，承襲古代質樸傳統的放牧生態，而圓形、橢圓、方型的傳統小木屋，雖經過戰火衝擊、風吹日曬雨淋損毀而重建多次，仍堅持維持古早樣式重新打造，成為斯洛文尼亞特有的牧場文化景觀，我不禁佩服當地政府的用心，堅持保存這片可追本溯源至 16 世紀的古老牧場風貌，讓我們也能一窺古代歐洲真實的放牧生活。

成群的牛隻，在自由自在的世外桃源裡吃草

與成群的牛隻如此接近，是汲汲營營的上班族難以擁有的體驗

　　《步步驚心》裡的若曦，車禍意外觸電來到清代；《宮鎖心玉》裡的晴川，為了追回一張仕女圖，失足跌入時光隧道，進入大清王朝；《不負如來不負卿》裡的艾晴，靠著強烈幅射的穿越機，被推進東晉十六國時期與鳩摩羅什相遇。

　　這些都是作家與編劇的想像，但由維利卡放牧高原望向格連杜維奇峰（Grintovci）這片無垠無際的偌大曠野，正是歐洲古老的樣貌，在明光暗影下與遠峰近林交織。江山如此多嬌，引無數英雄競折腰？原來，只要有心保存，不需穿越時空，今人也能看到古人的

世界。這些放牧人領著牛群，哼著小調，牛鈴聲聲聲悅耳，為空曠的放牧草原配上動人的清脆樂音。

放牧人也生產牛乳，自製手工乳酪、奶油、酸奶給觀光客品嚐，自給自足，過的雖不是錦衣玉食的豪門生活，他們充滿風霜鏤刻的臉上，卻漾著滿足的笑容，彷彿擁抱著樂天知命的人生觀。

或許，想要的東西少一點，煩惱也能相對減少，要得太多，有生之年卻用不到，身後也帶不走，寧願趁著耳聰目明、身強體健之時，在百忙之中，給自己一些「出走」的時間，實踐享受人生、看美好風景的權利。

旅遊指引

◆ 交通攻略
　由卡姆尼克（Kamnik）搭乘巴士在 Kamniška Bistrica 下車，車程約 20 分鐘，下車後，分別轉乘一段空中纜車及一段滑雪纜車，即可到達維利卡放牧高原。
◆ 購票
　纜車票價可至官網查詢。
◆ 官網
　維利卡放牧高原：http://www.velikaplanina.si/Home
　巴士：https://www.kam-bus.si

見水不是水－卡姆尼斯加‧畢斯翠卡谷

看過許多森林、河谷、湖泊，清澈的水很常見，但清澈到不像水的水，我是第一次見到。來到卡姆尼斯加‧畢斯翠卡谷（Kamniška Bistrica Valley），眼前乍現一片溪流，想跟沒來過的人形容它的澄淨，著實令我想破頭，說它清澈見底，但水裡的沙粒、碎石彷彿不是沉在水裡，而是擱在本來無一物的明鏡裡，這條河流更如同由瑤池之頂、雪山之巔滴下來的清晨曉露匯聚而成，成功演繹晶瑩剔透的至高境界，這是人間的水嗎？

是什麼樣的善緣，讓我有機會見到清澈到不像水的水

周遭有不經雕飾的原始森林景致，沒有帶來違和感的人工設施

　　想用手輕拂水面，卻又擔心泛起的波紋干擾它的清澈，也不敢在河中洗手，總覺得手一碰，就會害它沾上濁世塵埃。且「水至清則無魚」這句話可完全套在這條溪流，曾看到不少清澈河流裡，有很多野生的魚悠游，但這條溪流沒有魚，也沒有看到浮游生物。

　　眼前這片源頭活水，真的不像水，而像一塊純淨透明無雜質的巨大水晶。卡姆尼斯加・畢斯翠卡谷，有斯洛文尼亞政府視為天然珍寶的河流，號稱完全無污染，比直接生飲礦泉水更健康，河邊的遊客，有人直接拿水壺盛裝，有人直接用雙手取水飲用。

當時正值盛夏，斯洛文尼亞的戶外體感溫度約有 35 度，來到這條河邊，不但暑氣全消，也覺得有天然的空調在四周散溢。

卡姆尼斯加・畢斯翠卡谷是河流經過上升與切割的冰河峽谷，被卡姆尼克 - 薩維尼亞阿爾卑斯山脈（Kamnik-Savinja Alps）圍繞，原始森林景致四周還有一個隱藏小景－皮瑞達斯峽谷（Predaselj Gorge），因縫隙極為窄小，如果不是聽到激流聲，還真的不知道這片樹林裡藏著神祕峽谷。

湍急的飛流就像長型藍白琉璃，水流聲，還真像大自然奏起的音樂，與風吹樹梢的窸窣聲共奏。看來，只要把腳步放慢，不堅持在短時間內跑完景點，好風好景，就會經常在出奇不意的時候現身。

◈ 行程建議
卡姆尼斯加・畢斯翠卡谷鄰近 Kamniška Bistrica 纜車站，可於維利卡放牧高原行程尾聲前往。

◈ 周邊延伸景點
卡姆尼克
前往維利卡放牧高原、卡姆尼斯加・畢斯翠卡谷都會在卡姆尼克轉車，是一個保留古色古香的中古世紀小城，當地也刻意維持中古時期的古樸樣貌。

◈ 延伸資訊
斯洛文尼亞巴士：https://www.ap-ljubljana.si/en
斯洛文尼亞火車：http://www.slovakrail.sk/en.html

神祕峽谷隱藏於怪石山林間，激沖的飛流就像狹長型的藍白琉璃

夢幻民宿與花共眠－
十六湖國家公園（克羅埃西亞）

　　這幾年，我都把旅遊重心放在歐洲，近三年又癡迷湖景難以自拔，總覺得美好的景色，因湖的映襯增加意境，給人無窮無盡的聯想，湖裡世界，更如水中瑯嬛福地，有生物悠游、有景物倒映，我偏愛的湖景，周遭不需亭台樓閣，不需歌台舞榭，我滿足於綠林環繞，由裡到外的澄澈，盡情徜徉在立體山水畫中，克羅埃西亞的普利特維采湖群國家公園（Plitvice Lakes National Park），滿足了我這分強烈的渴望。

行程資訊

○ 建議停留天數：至少 3 天
○ 建議住宿地點：Rastovaca 民宿村
○ 路線規劃
　　1. 十六湖國家公園分為上下湖區，建議各排 1 日行程。
　　2. 官網為遊客設計難易程度不等的 A、B、C、E、F、H、K 幾大行程，以 E 與 F 路線最輕鬆，道路平坦好走，而且是下坡路線，平日很少運動或對體能沒信心者都很適合，但這兩條路線都是由入口 2 進入，如住在入口 1 的民宿村，可以這樣走：
　　　1）上湖區（參考 E 路線）：入口1（步行）→st1（搭車）→st3（步行）→P2（搭船）→ P1（步行）→ st2（搭車）→ st1（步行）→入口1。
　　　2）下湖區（參考 F 路線）：入口1（步行）→st1（搭車）→st2（步行）→P1（搭船）→ p3（步行）→入口1。

由入口 1 進入可空拍木棧道全景，居高臨下鳥瞰，壯濶景致由此開展

人山人海，還是照樣放空－十六湖國家公園

　　來到克羅埃西亞，只要將普利特維采湖群國家公園（簡稱十六湖國家公園）排入行程，就不算白走一遭。

　　石灰石和白堊岩，數千年來與水交互作用，形成石灰華屏障，又幻化成湖泊、洞窟、瀑布……等豐富多采的地貌，湖裡鈣華的反射，又使得湖面色澤千變萬化，俯拾皆是自然資源，也成了動植物棲息的天堂。

在十六湖走出的每一步，都像置身在畫裡，專注賞景，完全看不見成群的遊客

　　如果你熱愛自然，一定會愛上這裡，如果你是老師，一定會想帶學生來這裡上自然課、地理課，因為這裡就是最好的大自然教室，如果你是一個失意的人，覺得人生已變灰白，「十六湖」將為你的人生重新著色。

　　第一眼看到十六湖的照片，覺得這是相機功能與修圖的成果，親眼目睹，方知實景絕對不是照片能比的。為了方便觀光客遊歷，很人性化的在湖面上架了木橋，以木棧道連接上湖區十二個湖泊與下湖區四個湖泊，但這些人工設施完全不破壞原始叢林景觀，而是用天然材料打造，與景色巧妙合一，讓祕境不再是祕境，而是與世界各地熱愛大自然的遊客分享。

來到十六湖，水中也是另一個洞天福地

為了保護這片大自然動植物天堂，十六湖少見文明開發的痕跡，在 1979 年時被聯合國教科文組織列為世界遺產，用更嚴格的保育措施維護珍貴而脆弱的天然資源。我也深深體會到，大自然賜與的寶藏，本意是與生而平等的眾生共享，如不懂珍惜美好的土地，或為了飛越文明刻意開發，輕則髒亂不堪，重則嚴重破壞難以修復，大自然一旦反撲，還會造成生靈傷亡。

我也觀察到，來到十六湖的遊客都相當守規矩，雖說人來人往，但眾人小心翼翼緩慢步行，沿路也沒有看到垃圾，絕色之景，還真的不是靠管理員維護，靠清潔員打掃，而是靠每個接近它的人，發自內心的責任感與對土地的憐惜，取之天地，還諸林間，再嚴格的法規，也只是最底層的守護防線而已。

美好的日光，讓十六湖波瀾不驚的湖面像寶藍色上等絲綢面料

　　我想起出國前，擔任導覽員的朋友幫我們導覽北投人文與生態，在溪流邊竟看到煙蒂、隨手拋棄的飲料罐、塑膠袋，也有礦泉水瓶子在水流中載浮載沉，頓時，讓我有些感慨，臺灣也有很多具有本土特色的好山好水，如果能多一分疼惜，必然多一分清幽。我們到了國外風景區都能遵守規矩，怎麼在自己生長的土地上，反而忘了去愛護呢？

　　跟著人群走在木棧道上，十六湖的湖水，清澈見底，可看到鱒魚群游，連擱在湖裡的枯木、石礫、長在水中的植物都清晰可見。

　　最令我驚喜的是，隨著陽光折射、光影強弱、光線來源，湖水的色澤變化多端，有時是乾淨到找不到雜質的寶石綠，有時是深沉不見底的灰湖綠。

有時像是枯木逢春輕吐新芽的嫩綠，與透明的水質交錯，在湖面交織出漸層，有時也會看到墨綠、翡翠綠相間的湖面暈彩。有時是透明如鏡的湖面，飄著淡淡的綠暈，又交雜著淺藍，在湖中一下子擴散，一下子又聚合。當燦亮的陽光直透湖心，就像盈滿一湖由天上灑下的碎鑽。

　　我繼續沿著指標與步道，伴著壯觀的樹林而行，兩旁衝刷而下的水流如白色絹帶，一路還有鳥語、蛙鳴、蟬唱環繞耳際，飛瀑、流泉、激流如森林交響曲，在千岩萬壑間共奏，一邊聆聽水聲，屈下身賞湖，水裡的玉樹瓊枝，也是千姿萬態，在湖中搔首弄姿，生長在湖裡的水生植物，窈窕纖細的綠色身軀伸出湖面，隨風飄蕩，搖曳生姿。

只要是在湖邊，每一個角度，都是不同的療癒系美景

早已得知十六湖有多變的天然景觀，還有多元的生態，實地走訪，仍是不免為它所震撼。走在十六湖國家公園，確實每一步都是絕豔之色，就好像穿透畫框，進入畫中世界，要我如何相信，這裡不是仙境，而是人間？

哪怕周遭都是世界各地來的遊客，但你隨時能找到休憩的角落，專心被大自然擁抱。我是湖景偏執狂，且走且停，也常在靠近湖邊的樹下席地而坐，放空放空再放空，不管身邊有多少人經過，有多少笑鬧聲，仍視若無睹，很可能有人從後面叫我，我也聽不見。如果你在十六湖任何一座湖邊看到有人因賞湖而忘神，請不要驚擾他，說不定他正在進行一場山水療癒，澆灌因忙碌而荒蕪的心靈。

每一個角度都像畫家筆調，靠近大瀑布，趕緊用相機定格飛流直下的瞬間

站在湖邊的人清楚看到水中魚群，湖面上的水鳥也彷彿在放空

　　每當由入口 1 進入十六湖國家公園，倚著木欄遠觀，蓊鬱的林木間，我看見岩壁上 78 公尺高的大瀑布 (Veliki Slap)，優雅的雪白身影，像細絹絲般奔流直下，即將走完下湖區的時候，我順著步道通往大瀑布，耳畔的水流奔騰聲愈來愈清晰，走得愈近，愈覺得聲勢浩大，如雷貫耳，近觀瀑布，如同白色珠簾由崖壁上凌空飛降，垂掛而下，飛珠濺玉，就像天然的中央空調，捲走東南歐的炎熱。

　　連續兩天走完上下湖區，最大的感觸是，誰說大自然不會說話？它藉著萬物與人對話，只是生活總被忙碌啃蝕，在複雜的人事中糾葛，很難有機會靜下心來傾聽它……

　　一有機會享受獨旅的樂趣，我希望在大自然中漫步，這個時候，不必介意會不會說錯話，或者說出來的話會不會被曲解。

　　在大自然中，我甚至可以不說話，也不必在意穿著打扮，因為來來往往的都是陌生人，他們都在用心賞景，沒有餘暇評論別人的外表，因為景色太美，美到讓人不想眨眼，誰還會有閒功夫幫別人的外表評分，以及去定義他人的成功與失敗。

　　十六湖的地理景觀神似九寨溝，也有不少人說九寨溝比十六湖更美，地貌更精采，然而，即便日後有緣造訪九寨溝，我相信十六湖在我心目中仍占有獨一無二地位，因為我已視它為親手澆灌的玫瑰，那朵專屬小王子的玫瑰。

◈ 交通攻略
1. 由首都札格雷布（Zagreb）搭車到十六湖，大約花費 2 小時 20 分鐘到達入口 1（Entrance 1），看到木造天橋便要準備下車。
2. 入住 Rastovaca 民宿村，一定要在入口 1 下車，不小心搭到入口 2（Entrance 2），只能搭計程車或拖著行李慢慢走回去。
3. 入口 1 下車時，會有很多計程車攬客，但民宿村就在下車處附近，下車後直接過馬路左轉直走，約 5 分鐘便會到達民宿村入口，不必花 3 歐元搭車。

◈ 旅宿
1. 十六湖極為熱門，旺季時會湧入眾多來自世界各地的背包客，最好提早半年預訂離入口較近的民宿。
2. 訂不到入口附近的民宿，也可選擇住在入口 2 的下一站 Mukinje，生活機能便利，但步行到入口 2 需 40 分鐘。
3. 建議在 Mukinje 住宿者，還是搭巴士或計程車抵達入口 2，這一帶也有民宿業者願意接送旅客到達公園入口，建議預訂前先詢問清楚。
4. 民宿村約 32 間民宿，編號愈小的離民宿村入口愈近，也愈難訂得到，但離入口遠的民宿房價相對較便宜。

◈ 購票
門票分為 1 日票與 2 日票，票價會隨淡旺季調整，最新票價可至官網查詢。

◈ 官網：https://np-plitvicka-jezera.hr/en

◈ 注意事項
1. 國家公園沿路都有路標指引，清楚明確標出車站、碼頭與 A、B、C、E、F、H、K 路線的方向，不必擔心迷路。
2. 進入國家公園後，可多利用遊園接駁車與渡輪節省腳力。
3. 國家公園一路上都沒有廁所，公廁集中在碼頭及車站。

用花卉、盆栽點綴的寫意民宿，走入庭園，就覺得神清氣爽

我在夢幻民宿的那三天－柳博與安娜旅館

　　由克羅埃西亞首都札格雷布搭兩個多小時的巴士來到十六湖，踏進民宿村入口，羅列整齊的民宿，可看到每間民宿主人展現他們的生活品味與審美觀，走在寧靜優美的道路上，一路欣賞著歐洲鄉村風情，也忍不住讚嘆，民宿村也是一個小景點，千萬別把它當成單純歇腳的地方。

民宿的每一個角落，都用心布置，讓人覺得充滿溫度

　　清幽的綠野小村莊，比人滿為患的十六湖國家公園更適合「自療」。入住的旅客全湧往十六湖，使得民宿村無比安靜，我訂的民宿在 22 號，大約走到 20 號時，有一位微胖的中年婦女親切地對我打招呼，一邊指指後方的 22 號，問我是不是今天要入宿的那位？原來是民宿主人安娜親自來迎接，這是習慣住青旅的我，從來不曾有過的體驗。

　　我訂的這間柳博與安娜旅館（Guest House Ljubo & Ana），是一間充滿花香的民宿，絲絨般的綠地上，各式花卉爭奇鬥豔，大小不一、形狀各異的花盆，種植著五彩斑斕的花朵，草莓則栽種在懸吊式小盆栽裡。

傍晚時分，由國家公園健行回來，便會看到安娜在花園裡忙碌、澆水、施肥、劃土、除草，在安娜的用心照顧下，每一朵花都開得像女王，昭告自己最美。美輪美奐的庭園中，時不時可看到蝶舞花叢，也能看到蜜蜂停駐在花蕊上，或在鮮花群中穿梭，花園旁的戶外餐廳，餐桌椅是手感溫潤、色調溫和的木質家具，餐桌上、窗櫺邊也會擺上幾盆主人親手培育的植栽，可看出安娜對植物的熱愛。

安娜每天接待來來往往的觀光客，但她的英文並不靈光，就連聘請的助手，英文也不好，卻不影響觀光客對這間民宿的好印象，安娜接待觀光客的方式，就是將入宿的旅客當成自己的孩子，用有限的英文詞彙噓寒問暖，就像自家母親對孩子的真心關照。

所有房客都去健行，在這個位置喝下午茶，好像整片綠意都在擁抱自己

很多提供早餐的YH、民宿都會明訂供應早餐的時間，但安娜會直接問你，希望明天幾點吃早餐，不論起得多早，睡得多晚，都能吃到剛出爐的餐點。這間民宿最大的獨家，就是安娜自製的手工果醬、蜂蜜，以及煎成金黃色的蛋包。

住宿超過兩天的旅客，早餐享用的蛋品，第一天提供水煮蛋，第二天提供蛋包，但安娜觀察到我特別喜歡蛋包，破例讓我第二天、第三天都吃到她現煎的黃金蛋包。一邊吃早餐的時候，安娜坐在一旁喝咖啡，我以為她只是在一旁休息，其實她是在注意每桌的需求，就像吃完蛋包，她馬上把盤子收走，看到桌上的土司吃完了，她會再夾一個剛烤好的土司過來，問你需不需要。

賞畢湖景，就回民宿賞花景，難道不是一種無限延續的幸福

用心栽種的花朵，引來蜜蜂、螳螂的流連

　　我曾經打不開果醬，安娜也能立刻觀察出來，馬上替我服務。我也曾在健行結束返回時，遇到正在花園工作的安娜，原本我打了聲招呼就想直接回房，她卻說要請我喝雞湯。

　　那碗雞湯，其實是超市賣的濃湯便利包，加水煮滾後就能喝，但剛健行回來，礦泉水早已喝完，口乾舌燥時，突然有人端上一碗熱湯，再平凡的味道，喝起來也像人間美味。

　　離開的那天，我把鑰匙還給安娜，她請老公柳博送我到車站，為我的三天住宿畫下完美句點。訂這間民宿，是我最「後悔」的抉擇，後悔只住三晚，走完十六湖就離開。

　　如果時光能倒流，我會想多留兩天，哪裡都不去，夜晚，在花香中入眠，清晨，在鳥鳴中甦醒，在露天餐廳享用安娜準備的豐盛早餐，餐後，不是去十六湖健行，而是在花園裡沐浴陽光，用鏡頭捕捉蜂狂蝶鬧的身影，盡情追逐夢幻庭園裡的小天地大乾坤。

　　住在民宿的三天，也讓我看到，做觀光客的生意，語言能力是次要的，就像這間民宿，為入住的旅客打造最美麗的花園，獻上美味的早餐，還有對待家人般無微不至的關照，完全突破語言的限制，少了流利的外語能力，照樣接待世界各地的觀光客。

旅遊指引

◇ 旅宿
　柳博與安娜旅館
　1. 地址：Rastovaca 22, 53231 Rastovaca, Croatia，距離國家公園入口1
　　約 900 公尺，步行即達。
　2. 不提供刷卡，只接受現金付款，可用歐元或庫納支付。
◇ 延伸資訊
　克羅埃西亞巴士：https://www.buscroatia.com
　克羅埃西亞火車：http://www.hzpp.hr/en

在童話裡醉倒－英國湖區（英格蘭）

在湖區，觸目所及全是風景。長年在都市打拼，缺的不是倫敦般的繁華，而是一個能拋棄所有紛擾，盡情放空的好地方，英格蘭湖區就是這樣一個自療景點，也是戀上歐洲湖泊的入門行程。湖區小鎮間距離鄰近，自駕或搭巴士都相當便利。

來到湖區，任何一個角度，任何一條道路，都讓人有曲徑通幽之感

行程資訊

- ✪ 建議停留天數：至少 4 天
- ✪ 建議住宿地點：亞伯塞德
- ✪ 路線規劃
  行程 1：亞伯塞德－凱渥克－亞伯塞德
  行程 2：亞伯塞德－柯尼斯頓－亞伯塞德
  行程 3：亞伯塞德－波納斯－碧翠絲波特博物館－亞伯塞德
  行程 4：亞伯塞德－葛拉斯米爾－亞伯塞德－溫德米爾

行程
1
亞伯塞德 ➤ 凱渥克 ➤ 亞伯塞德
可於上午出門前往凱渥克，傍晚返回亞伯塞德。

湖區小鎮悠閒散步－亞伯塞德

　　選擇在亞伯塞德（Ambleside）落腳，是因為它有交通重鎮的轉運便利，方便往其他湖區小鎮移動，城市該有的基本機能一應俱全，有河、有湖、有渡輪、有山、有森林、有瀑布、有公園。小鎮上看到很多民宿、餐廳、住家，都是用一片片深灰、淺灰色的板岩、石材堆疊出來的精巧建築，甚至連橋屋、橋墩、河堤也是由石板打造，將城鎮點綴地古色古香，充滿傳統英式風情，也有童話般的詩意。

什麼都不做，坐在湖邊一整天，就能把壓力拋諸腦後

由倫敦過境伯明罕再到湖區，如同由人間步入仙境，即便多雨，也不會感到掃興，雨，為小鎮帶來另一番奇景，湖面、周邊的山色，被細雨輕煙籠罩，更顯空濛，被雨洗滌的石板屋，更加晶透明亮、煥然一新。

沿著小鎮，走到亞伯塞德青年旅館。這間青旅位在溫德米爾湖（Lake Windermere）對岸，一出門就是湖景，相當受到旅客青睞，可惜當年我提早半年訂還是沒訂到，去信詢問才知一所中學大量訂房辦夏令營，才讓自助的散客無緣入宿。來到湖邊，隨便找一個面湖角度，靜靜地坐在湖岸，你可以什麼都不做，什麼都不想，然後回應一下岸邊天鵝與水鳥，與牠們分享手中的麵包，或者在湖邊拿起筆記為眼前的景致速寫，畫下內心的感動。

亞伯塞德有遠離塵囂的悠閒，光是漫步小鎮，就覺得自在

　　不論你做什麼，只要湖景近在咫尺，哪裡都不去也值得，在這裡可以漫無目的，可以沒有理由，只要人坐在湖邊，就是最簡單、純淨的放空，也許你會問自己，眼前的湖，是我心裡的湖幻化的嗎？

亞伯塞德最著名的橋屋，如果它是一間旅館，肯定全年被訂滿

旅遊指引

◈ 住亞伯塞德的理由

溫德米爾是湖區第一個入口城市，但景致相較其他城鎮較無特色，亞伯塞德景色更勝一籌，同樣是交通轉運站，連接其他城市相當便利。

◈ 交通攻略

1. 由倫敦出發，搭乘火車到溫德米爾約 4 小時，可再轉搭湖區 555 號巴士，約 10 至 15 分鐘到達亞伯塞德。

2. 由倫敦搭乘 National Express 長途巴士直達約 8 小時 30 分，先到達溫德米爾，下一站便是亞伯塞德。

◈ 注意事項

1. 搭乘湖區巴士時，務必看清楚回程最後一班巴士的時間，錯過巴士只能搭計程車。

2. 湖區是世界各地旅客趨之若鶩的熱門景點，旺季期間一房難求，最好提前半年下訂。

◈ 周邊延伸景點

健行景點

由亞伯塞德旅客中心出發，路標有標示瀑布健行入口方向，約 10 分鐘可到達健行景點，進入森林後，沿途有路標指引，不會迷路，路況平坦好走，無陡坡，兒童、老人也能輕鬆走，來回約 1.5 小時便可完成健行。

湖區的雨，有洗淨偏見的魔力

朦朧中的湖畔煙雨－凱渥克

　　湖區還是陰雨綿綿，由亞伯塞德來到凱渥克（Keswick），剛下車時，有一種「來錯地方」的錯覺，維多利亞時期的知名古鎮，怎麼會是這麼商業化的典型風格？山巒呢？湖泊呢？林間步道呢？牛羊悠閒吃草的大片青青草原呢？跟著人群走，經過「希望公園」（Hope Park），沿著公園繼續走，瞬間來到一個遼闊的山湖世界，也就是受德文特河（River Derwent）餵養的德文特湖（Derwentwater）。下著雨、沒有陽光的時候來到德文特湖，多了一層輕紗般的空濛，擁抱著湖的山丘層巒疊嶂，周邊綿延的大牧場，有著一群無視觀光客的牛羊，悠哉地吃草或休憩。

雨中的德文特湖，少了點色彩，卻好像罩了輕紗薄絹，多了朦朧美

如果沒有下雨，是不是能大字型橫躺在這片綠地上，用仰望的角度，恣意感受這天光雲影、這山容水意？德文特湖畔感受到的雨後清新，更能了解為何碧翠絲波特（Beatrix Potter）能在此不斷湧出彼得兔的童話靈感，而她創作出彼得兔的故事聞名遐邇，也讓此處充滿文學寫意。

　　這場下很久的雨，完全滌盡我心中的刻板印象與偏見，原來，湖區不但四季皆美，連商業化的城鎮，也因為有座絕美的湖，讓人興起短暫隱居的衝動，誰說都市機能高的城市不適合自療？

◈ 交通攻略
　1. 於亞伯塞德市中心搭乘 555 號巴士，到達凱渥克，車程在 1 小時內。
　2. 沿著旅客中心往後方走大約 15 分鐘，便可到達德文特湖。
◈ 周邊延伸景點
　巴特米爾（Buttermere）
　由凱渥克搭乘 77 號、77A 巴士，1 小時內可到巴特米爾走環湖步道健行路線。

即便有眾多不速之客，牠們也不覺得受打擾，照樣悠閒地過活

行程 2

亞伯塞德 ▷ 柯尼斯頓 ▷ 亞伯塞德

亞伯塞德市中心搭乘巴士到達柯尼斯頓，用放空的心情一日遊。

莫非湖畔有仙山？－柯尼斯頓

來到柯尼斯頓（Coniston），沿著樸實清幽的英式村莊，與鄉間的牛羊相遇，我能肯定，喜愛歐洲田園風情的人一定會一見鐘情，再走到有壯闊草原的湖邊時，就會瞬間定格、整天不想移動。眼前的青青草原，彷彿無邊無際，一碧千里，柯尼斯頓湖 (Coniston Water) 如同是蕩漾在草原上的大明珠，在湖面上遊船的人，好似離天空很近，伸手就能觸到圍繞遠山的雨後煙嵐，但我還是偏愛坐在草原上，或駐立在湖邊，或斜靠在大樹下沉思放空。

柯尼斯頓，讓喜愛歐洲田園風情的人一見傾心

遠處的山色，時而清晰時而縹緲，不禁聯想著，要是能穿越時空打包一個古人來此，我會想帶白居易來一趟，如果眼前是一座仙山，會不會有雪膚花貌的太真仙子居住著？

　　我試圖趕走不實際的想像，然而絕景當前，思緒就不知不覺被扯離現實，但眼前偏偏是實景，不是幻境，無怪乎英國人視它為湖區經典，一天只想玩一個湖，來這裡就足夠了。

繞出幽靜的村莊，就能到達仙境般的柯尼斯頓湖畔

空靈的遠山，莫非是仙山

　　來到此處，絕不能用忙碌來懲罰自己，更不能殘忍地催促別人趕車趕路，只要盡情在湖邊當個稱職的懶人，讓這片山水好好犒賞和療癒你疲憊的身心靈。

旅遊指引

◇ 交通攻略
1. 於亞伯塞德市中心搭乘 505 號巴士，到柯尼斯頓，車程在 40 分鐘以內。
2. 由村莊走到柯尼斯頓湖，約 20 分鐘內。
◇ 周邊延伸景點
鷹岬（Hawkshead）
由柯尼斯頓搭乘 505 號巴士，20 分鐘以內的車程，可到達人煙較其他湖區城鎮稀少的寧靜迷你小鎮鷹岬，鎮上可買到彼得兔周邊商品，也有波特畫廊、造型可愛的小郵局。

行程 3 亞伯塞德 ➤ 波納斯 ➤ 碧翠絲波特博物館 ➤ 亞伯塞德

可由亞伯塞德碼頭搭船到波納斯碼頭，先在波納斯遊逛後，再步行至碧翠絲波特博物館。

尋找童話的航程－波納斯

來到湖區，至少要搭一次船，我選擇的是亞伯塞德往波納斯（Bowness）的航段。在船上，我驚喜發現，山，不再是遠山，而是在離我很近的地方盡情綿延，深綠、淺綠相間的草原，就像不同綠色調織成的碧毯，上面有著白色點點如絮的身影，那不是錯落的雪花，而是長期定居在幸福寶地的綿羊。

知者樂水，仁者樂山，在這當下，你我是仁者也是智者

航向童話的旅程，在波納斯碼頭靠岸

　　水，也不再是單純的水，絕非只能用盡與美相關的形容詞描述的湖水，靠近它，由心底感受到，水的靈韻不斷釋放。真正的上船，在船隻緩慢的行駛中，走到甲板上，隨著船的移動，週遭景致漸漸變化，我感受到「快爆炸的幸福」。

　　航行中也會巧遇優雅的天鵝與水鴨悠游湖面，牠們完全無視身邊駛過的船班，而是盡情徜徉山水，也彷彿在對船上的人說：「你們搭船，我自己就是船！」有時也會想，人之所以煩惱無盡，是不是因為把簡單問題想得太深奧？以致於忙得像多頭馬車，是不是因為不知道什麼時候該休息？或者是自己剝奪自己休息的權利？

就連旅遊，也極盡所能跑遍最多景點，即使走馬看花，也要讓照片證明至少曾經到此一遊，本應該是療癒抒壓的遠行，又本末倒置變成挑戰體能的耐力特訓。

半小時的航程，抵達波納斯碼頭，暫且命令大腦停止鑽牛角尖，因為逛完波納斯小鎮的熱鬧市中心、精巧住宅區，下一站就要去一個讓我瞬間回到童年的地方…

◈ 交通攻略
1. 於亞伯塞德市中心搭乘 555 號巴士，約 20 分鐘到達波納斯碼頭。
2. 由亞伯塞德碼頭搭船到波納斯碼頭約半小時。

與天鵝一起徜徉湖上，半個小時航程，幸福得快爆炸

彼得兔的立體世界－碧翠絲波特博物館

進入波納斯小鎮，到處都能看到彼得兔周邊可愛小物，想真正進入彼得兔的世界，就一定要來碧翠絲波特博物館（The World of Beatrix Potter Attraction）。

湖區的鄉村美景，如同上帝的恩寵，帶給畫家、作家、詩人源源不絕的靈感，彼得兔原創作者碧翠絲波特就是其中一位，她從小與小動物為伍，又熱愛植物與化石，筆下的可愛動物擬人化活靈活現。看了波特小姐的簡歷，很驚訝出生於 19 世紀的她，結婚時也年近 50 了，在當年想必是個異類。

彼得兔是全世界兒童的童年起點，到長大都沒有終點

把童話繪本實體化，就好像走入立體故事書中

　　對照3C時代的21世紀，仍有人對適齡未婚女性指指點點：「那個人XX歲了還不結婚，是在挑什麼？要是以後想結了，還有辦法生小孩嗎？」如果能讓波特小姐穿越任意門來到這個時代，她會不會對這些人說：「不好意思，我47歲才嫁，我沒有生小孩！」

　　碧翠絲波特博物館是一棟傳統英式石板屋建築，在大門口就看到穿著藍外套的小萌兔彼得貼在窗戶上迎接遊客，內部就是一個把童話繪本實體化的場域，彼得兔故事中的角色、場景一一重現，除了繪本主角彼得全家外，彼得的調皮堂哥班傑明、積極找孵蛋地點的母鴨潔瑪、追求自由的小豬羅平……全部栩栩如生。

萌翻全球的場景，一進入這個童話場域，就恨不得永遠不要長大

　　此外，彼得兔故事中各種角色日常生活的鄉村場景，也完全是精細的製作工法，來到這裡，就好像進入立體童話世界。

　　波特小姐絕對是佳惠最多孩子的藝術家，也是全世界兒童的童年起點，甚至到長大都沒有終點，此時此刻，你我都只有五歲，都是波特小姐的孩子……

◆ 交通攻略：由波納斯碼頭步行 7 至 10 分鐘可到達。
◆ 購票：大人票價 7.5 英磅，最新票價可至官網查詢。
◆ 官網：http://www.hop-skip-jump.com

清新空氣中的薑餅香－葛拉斯米爾

找到葛拉斯米爾（Grasmere）這間薑餅屋 (The Grasmere Gingerbread Shop)，竟然不是靠著地圖，而是隨性漫步時，空氣中飄來的香味。

19 世紀時，薑餅屋就用獨門製法與調味配方維持不變的濃香，連浪漫詩人威廉‧華茲華斯 (William Wordsworth) 都喜歡吃這裡的薑餅。

順著香氣來源，就能找到這間百年歷史的薑餅屋

茂密的樹橫跨道路兩旁，通過樹蔭，就是桃花源入口嗎

　　來到葛拉斯米爾，發現薑餅屋與小鎮美景互相搶戲，身為路癡，竟然只要沿著香氣來源就能找到正確地址，只能說，薑餅屋你贏了！

　　葛拉斯米爾最有代表性的景點是華茲華斯故居鴿屋（Dove Cottage），與收藏詩人手稿的華滋華斯博物館 (The Wordsworth Museum)。

　　華茲華斯童年就經歷生離死別，受法國大革命影響，詩風激進，在這片山水間，他批判的文風轉變為對田園風光盡情抒懷，如果不是被葛拉斯米爾湖區美景徹底融化，怎能寫出這麼多傳唱千古的柔美詩作？

湖區仍然陰雨不斷，看不到湖上倒影，又因起霧，翠綠的山頭若隱若現，溫潤含煙，彷彿在跟遊客玩捉迷藏。幸福的羊群仍在草原上悠閒吃草或散步，只見遠距的山峰與森林，近距的草原與湖泊，還有後方的村落，在輕煙薄霧中巧妙結合。

如果我說湖區很療癒，你覺得我人微言輕，難以說服你，那你不妨看看桂冠詩人華茲華斯筆下營造田園情境的生花妙筆，如果湖區的風光不夠美，怎能成為詩人的靈感之泉？

威廉‧華茲華斯改變革命文風，成就寫景佳作，湖區，也療癒了詩人嗎

旅遊指引

◈ 交通攻略
　　於亞伯塞德市中心搭乘 555 號巴士，15 分鐘內到達葛拉斯米爾。

在湖區的最後一站－溫德米爾

　　溫德米爾（Windermere）是英國湖區的入口，巴士、火車班次多由這裡出發，也有更多住宿供選擇，也因此不少人將這裡當成湖區的落腳地。

　　幾經評估，覺得這裡的景致相較其他湖區城鎮略顯遜色，如果說溫德米爾「醜」，我也不完全同意，只能說湖區實在是太美了，溫德米爾與湖區其他城市只是 80 分與 90 分的差距。

溫德米爾湖邊的天鵝，連休憩都保持優雅的姿態

到溫德米爾那天，多雨的湖區終於轉為陰天，而且當天街道上人群稀少，相信大批旅客都放射狀往周邊景點尋幽訪勝去了，也讓號稱湖區的熱鬧城鎮，有郊外般難得的悄然與無聲，充滿綠意的花園民宅，在寧靜中散發著空靈的氣息。

　　一走到溫德米爾湖畔，就恍然大悟為何街道上這麼冷清，原來這些人都跑到湖邊了，餵天鵝、玩風帆、搭船，還有一部分的旅客去走 Orrest Head 步道享受森林浴，坐在山頂的觀景椅上，欣賞波光粼粼的溫德米爾湖，蔥綠連山的壯麗大景。這樣的景色，也讓作家阿爾弗瑞德文雷特（Alfred Wainwright）驚呼：「這片景致足以改變人生觀！」

溫德米爾充滿綠意的民宅，顯得樸實低調

　　阿爾弗瑞德文雷特所言的改變人生觀，究竟改變了什麼？並沒有明言，如果要我來解讀，美景當前究竟會讓我產生什麼樣的感悟，很簡單，那就是「把握當下」，如果說這個行程有什麼遺憾，那就是無緣得見放晴時的湖區。

◈ 交通攻略
　　於亞伯塞德市中心搭乘 555 號巴士，15 分鐘內到達溫德米爾。
◈ 注意事項
　　1. 如將溫德米爾當成湖區終點，上午先逛葛拉斯米爾，返回亞伯塞德民宿拿行李後，搭巴士直達溫德米爾辦裡入宿。
　　2. 體能充裕可直接前往距離市中心約 15 分鐘的 Orrest Head 健行，本健行路線為走緩坡，還算平坦，兩小時內可完成，也可先到溫德米爾湖邊賞湖，次日上午再前往健行。
◈ 官網
　　1. 湖區巴士：https://www.stagecoachbus.com
　　2. 英國湖區船班與公車航線：https://www.windermere-lakecruises.co.uk/cruises-fares/boat-bus-explorer
　　3. 英國長途巴士：http://www.nationalexpress.com
　　4. 英國國鐵：http://www.nationalrail.co.uk
◈ 延伸資訊
　　湖區巴士除了單程與往返，亦可購買 Dayrider1 日票、跨區 Explorer1 日票或 3 日悠遊票，也有巴士票與船票全包的套票，行程表可至旅客中心索取。

隱士般的輕旅行－
巴洛赫、露絲小鎮（蘇格蘭）

巴洛赫，有宛如紐西蘭的鄉村風光與綠野，露絲小鎮，是一個24小時被湖光山色祝福的花園小鎮。

踏出的每一步，都融入羅曼湖畔的浪漫，來這裡，可以過得最簡單最純粹，是蘇格蘭行程中，最閒散自在的輕旅行首選，如果你對都市感到厭煩，必會對這兩個地方深深嚮往。

行程資訊
- 建議停留天數：至少 2 天
- 建議住宿地點：巴洛赫
- 路線規劃：巴洛赫與露絲小鎮鄰近，可各排 1 天行程

面對這份愜意，忙著看風景，不忙著找路（攝於巴洛赫）

與眼前田園風光融為一體，就像進入田園詩的意境

進入田園詩意境－巴洛赫

　　午後的巴洛赫 (Balloch)，典型的「最高品質靜悄悄」，我一路展現路癡的識別障礙，終於來到 Mollanbowie Rd，找尋訂妥的民宿。這條路上，農舍與民宿交錯，寧靜無聲，好像整個村莊都在午睡，只有無影無息的風，藉由周邊萬物昭告它的存在。

　　那天是個好天，蘇格蘭的燦爛驕陽，灑在身上舒適無比，也映在如茵的碧草上閃著柔光，天空是一片潔淨的藍，朵朵雲絮就像淋了糖霜的雪白棉花糖，放遠而望廣袤的大草原綠意蒼蒼，籬笆內的牛羊悠閒地徜徉在陽光下，閒散地吃草。

面對這分愜意，我反而不急著找自己的民宿，把行李放在一邊，將雙臂擱在柵欄上，將頭枕在手臂上，全心全意，享受眼前美好無盡的田園風光，就像奇幻小說「詩魂」裡的主角宗元，突然間擁有超靈力，由現實世界進入書中詩境，穿越至田園詩意境裡。

　　一路上還是沒有人，不知這裡的居民，是在農舍裡打盹，還是悠閒地喝下午茶？或者在後院整理花草？四下無人的時候，好像自己也是田園風情畫裡勾勒出來的一筆，哪怕只是小配角，至少曾經存在於這張絕美的畫中。完全沒有聽到腳步聲，有人在我後方說了聲 hi，原來是一個赤著腳的老人向我微笑打招呼，親切地點點頭才離開，這個人想必也是這裡的農民吧？

相較有水怪加持的尼斯湖，羅曼湖更能滿足淒美的想像

　　巴洛赫，是進入羅曼湖 (Loch Lomond) 的入口，也是拜訪高地必來的湖泊。相較更有名的尼斯湖，我更喜歡羅曼湖，只見靜謐的湖面，被周遭的密林、碧綠的山峰點綴，驕陽四射，就像由天上灑下金粉，讓湖面更加晶瑩通透，沒有水怪加持，但背後卻有一首傳唱數百年的歌謠「羅曼湖畔」。

　　這首悲傷的歌，據說是一位在卡洛登戰役中被英格蘭軍隊捕獲的俘虜所寫，有感於英格蘭軍隊殘暴無情，認為自己隨時會被處死，有感而發寫下這首歌想贈給愛人，委託一位獲釋同袍帶回故鄉，也有一說是女詩人以戰俘角度描寫心境，故事真相眾說紛紜，卻也寫出戰爭帶來的無奈與殘酷。

　　站在湖畔，就像那首歌描繪的一樣，美麗的羅曼湖岸上，小鳥在枝頭歌唱，野花傍著山色與水色，遍地開放。古來征戰幾人回？征途即是不歸路，不知當年捐軀的蘇格蘭勇士，他們的英魂是否曾如願回到羅曼湖？是否已返回高地故鄉？還是依舊在萬里穹蒼中飄飄盪盪，淹沒在歷史長河中，成為被遺忘的記憶？英格蘭與蘇格蘭民族矛盾仍在，但已沒有當年的戰爭與頑強對立，但願羅曼湖幽幽碧水，帶走來自殘酷戰爭的百年滄桑。

巴洛赫城堡周邊夕陽無限好，發現湖光山色更美了

這個羅曼湖畔行程明明是用來放鬆的，怎麼反倒與沉重的歷史聯想在一起？還是讓自己重新投入田園的懷抱，踏上走回民宿的路途，傍晚的巴洛赫，籠罩著淡煙暮靄，這種感覺，詞窮兼疲憊的我，只能套用陶淵明的話來說明當時的心情：「此中有真意，欲辨已忘言。」

◆ 交通攻略
　由倫敦出發，搭乘火車到湖區溫德米爾約 4 小時，溫德米爾到巴洛赫亦是 4 小時。

◆ 周邊延伸景點
　巴洛赫城堡
　巴洛赫市中心步行約 20 分鐘，可到達巴洛赫城堡，占地廣、景色美，還有大片綠地公園供休憩。

窗裡窗外，悠閒自在－露絲小鎮

　　露絲小鎮 (Luss) 與羅曼湖緊緊相依，可謂依山傍水而居，每戶石牆屋，都被色彩繽紛的花卉點綴成庭園。來到露絲小鎮前，就曾聽聞因丘陵地勢，讓這個美麗的庭園小鎮少有日光，因而被稱為「黑村」(Black Village)。

　　當天來的時候，我也沒見到日照，但我看見萬里長空泛起淺淺的藍，雲朵刷著淡淡的灰，深不見底的羅曼湖，在平靜無風時，靜如處子，散溢出深邃的靈韻，露絲小鎮居民是多麼幸福，羅曼湖就在自家門口。

少有日光的露絲小鎮，卻能與羅曼湖
朝夕相處，是來自上帝的祝福

露絲小鎮是一個走馬看花十分鐘就能繞完的小鎮，來到這裡，我採取的玩法很簡單，帶著一顆「樂在當下」的心，聲音放到最輕，腳步放到最慢，把所有「趕時間」的意圖都消滅，依戀簡單帶來的幸福，而且不輕易眨眼，讓自己分分秒秒都不錯過美景。

五顏六色的花圃與盆栽，為露絲小鎮點綴繽紛動人的色彩

將視網膜當底片，眼球當鏡頭，以羅曼湖為起點，360度將小鎮每個角落一一植入腦海，瞬化永恆。有時走到窄巷裡，迎接我這位不速之客的，是五顏六色的花圃，也有綠樹成蔭，再走幾步走出巷子，又有翠綠屏障般的重重山坡乍現眼前。

原來迷你的露絲小鎮曲徑通幽，不論怎麼走，轉個彎，都會遇上佳景。露絲小鎮已是熱門觀光景點，電視劇光環使得遊客如織，露絲小鎮卻僻靜如斯。

　　露絲小鎮的窗外是絡繹不絕的人潮，有時由戶外窺見窗裡世界，裡面的居民自在地過著自己的生活，遊客造訪帶來觀光財，多少也讓山林隱逸的鄉居生活受了打擾，卻絲毫影響不了他們的日常，但我觀察到，住在這裡的

不論有多少觀光客到訪，露絲小鎮一直維持它一貫的僻靜

人，即便結廬人境，也過得像隱士，不介意人聲喧囂，在重視隱私的歐洲國度，他們竟然不在意自己的家園被觀光客參觀，有了「心遠地自偏」的心境，當真萬事從容。

　　曾聽聞「小隱隱於林，中隱隱於市，大隱隱於朝」，說的是歸隱的最高境界，並非只是形式上退居林泉，面對愈多五欲六塵干擾而能處之泰然，不管面對什麼事都能隨遇而安，才是真正的隱士。現在的我，仍常為時不時降臨的突發事件亂了手腳，也會因為生活中不知何時會引爆的「炸彈」抓狂，不知三十年後的我，做得到這種隨遇而安的境界嗎？

旅遊指引

◇ 交通攻略
由巴洛赫搭乘 305 巴士到露絲小鎮約 20 分鐘。

綿延 80 公里的蒼茫－天空島（蘇格蘭）

　　蘇格蘭高地，被稱為歐洲最美仙境，天空島，更如同獨立於宇宙之外的世外桃源。很多地方都有美景，但有多少地方美得這麼原始？不論每年有多少人來參觀，它依然散發著隱士般的卓然風采，為遠道而來的你，譜下宛如隱逸山林的旅程。

行程資訊

- ✪ 建議停留天數：至少 3 天
- ✪ 建議住宿地點：波翠
- ✪ 建議旅行方式
    1. 自駕或參加當地旅行團。
    2. 巴士搭配當地旅行團。
- ✪ 路線規劃
    威廉堡－蘇格蘭高地－天空島－伊凡尼斯

天空島上長毛長角的高地牛，仙境就是牠們的家，令人好生羨慕

有此一說：天空島之美，庸俗者請止步

學者李家同在「荒原之旅」一文中提到，他曾向英國朋友提起要前往天空島 (Isle of Skye)，沒想到這位朋友神祕兮兮地說：「千萬不要讓別人知道你要去天空島，我們絕不能讓大批旅客湧入那裡，尤其不能讓庸俗的美國人知道這個島。」看到這段文字，讓我對天空島產生仰望之情，是什麼樣的地方，會希望庸俗的人止步？

透過電影鏡頭、攝影集高清圖片、中外名著裡的描述，荒原，總是蒙著濃濃的神祕色彩，而高地，不只有蘇格蘭悲壯的歷史，也有英格蘭、蘇格蘭數百年的矛盾心結。前往高地途中，氣候如同公主病發作的女人，一下子狂風暴雨，一下子突然晴空萬里。

垂淚的山谷－格倫科峽谷

首次來到格倫科峽谷 (Glencoe)，有一種似曾相似的熟悉，因為《哈利波特》、《007 空降危機》都曾在這裡取景。大自然是用了什麼雕刻工具，才能造就這種蒼茫無垠，讓人如同站上世界邊緣？

極目所望的原始與空曠，讓我刻意背對人群，往無人之處遠眺，頓時覺得要是隻身在此，會是怎麼樣的孤寂與淒美？

周遭山脈綠得相當純靜，不沾染其他綠系色調，蜿蜒起伏的山稜間，大風起兮，寒氣凜冽，迎面吹來，如刀光劍影從裸露在外的肌膚橫畫而過，是格倫科慘案喪生的不安之魂，在召告他們未能安息嗎？

格倫科峽谷周遭的山脈，綠得很純淨，愈是靜下心看它，愈覺得它在說故事

格倫科在蘇格蘭語中被稱做垂淚的山谷，它們在向數百年後的人訴冤嗎？短短幾分鐘，又下雨了，這場雨，也是它們不曾乾涸的淚水嗎？

旅遊指引

◇ 交通攻略
由威廉堡自駕約半小時左右；想自乘巴士前往，搭乘 44 號巴士，約 40 分鐘到達。

風笛聲，在高地飄揚

來到蘇格蘭，不能不提風笛，在愛丁堡皇家哩大道上，我常看到穿著傳統格呢裙的蘇格蘭人演奏風笛，但這種源自行軍戰爭的音樂，面對著磅礴偉岸的大好河山時，總會覺得青山翠谷間的遠處與深處，會有更加悲愴激昂的風笛樂音，奏出更熱血沸騰的旋律。蘇格蘭人有粗獷豪放的民族性，豪氣干雲大口飲酒的背後，卻肩負沉重慘烈的歷史，猶如在山谷中盪氣迴腸的風笛聲。

號稱蘇格蘭最美－伊蓮多那城堡

來到臨近天空島的伊蓮多那城堡（Eilean Donan Castle），這是號稱蘇格蘭最美、最浪漫的城堡，位在杜伊湖 (Loch Duich) 邊，傍湖而立，襯托詩意如畫，它的身後仍有催淚歷史。6世紀時，城堡由基督徒修道士聖多那（St Donan）建立，城堡也因而以他的名諱命名。西元618年，城堡被毀，居住在城堡中的修道士全數被殺，有些歷史學家認為是強盜殺人。

也有一說是皮克特女王 (Queen of the Picts) 厭惡基督徒，聖多那又來自斯科特（Scotti）部落，使得女王對他所猜忌。

城堡曾在 18 世紀被西班牙艦隊襲擊，英軍率兵反擊，但兩軍交戰也使得城堡與倉庫全毀，杜伊湖邊狼煙四起，當時的主人威廉麥可肯茲（William Mackenzie）逃

伊蓮多那城堡駐立在湖光山色間，沒有陽光時，多了幾分滄桑

往法國。目前大家看到的城堡，是 20 世紀整建的成果。

我聽見伊蓮多那城堡邊傳來風笛聲，原來是穿著傳統服飾的蘇格蘭少年在此演奏，如泣如訴的樂聲宛如天籟，流洩在山谷間，迴蕩在空氣中。我一直深信，蘇格蘭風笛之所以震撼人心，是因為被驚心動魄的歷史召喚，每一曲的背後，都是一個說不完的故事。

◈ 交通攻略
1. 格倫科自駕至伊蓮多那城堡約 2 小時。
2. 想自乘巴士前往，先步行至 Junction 站轉 44 號巴士，於 Chisholms Garage 轉 916 號巴士，約 2 小時 30 分鐘在 Bridge Rd End 下車，步行 5 分鐘內到達伊蓮多那城堡。
◈ 官網
http://www.eileandonancastle.com

山脈、沼澤、草地、苔痕，還有隨性生長的石楠花，都是不假人工的純天然

天空島，是最原始的蘇格蘭

越過蘇格蘭高地，跨過圓弧形大橋就是天空島了，沒錯，這裡才是真正的蘇格蘭，獨一無二、最原始的的蘇格蘭，四週景致變幻莫測，來不及看清，更來不及想像，已換上全新的視野。

天空島還有一個更美的名字－「穹蒼島」，我更喜歡這個版本的翻譯，多麼深邃、意境深遠，站在斷崖絕壁前，看著海浪拍打裸岩，怒捲雪白浪花，飛流直下三千尺瀑布，讓心靈得到徹底沖刷。

天空島也叫「翅膀島」，這個翻譯來自蓋爾語，看地圖，翅膀島位在蘇格蘭西海岸，與蘇格蘭相望不相連，形狀真的像奇特的翅膀。維多利亞時期，探險家偶然發現此地，讚不絕口，從那時起，吸引不少旅人來此探險，揭開神祕面紗。

雄渾壯闊天空島，時空瞬間靜止

　　在湖區遇到幾名室友，聽到我要去天空島，猶記得他們對我說：「跟湖區差不多，你會失望的！」去了天空島，也覺得有來自湖區的熟悉感，但卻只有在相遇一瞬間，定睛深凝，便覺得大不相同，湖區，深邃幽靜，天空島，峻峭瑰麗，還有，天空島有讓時空幾乎靜止的意境，任何相機都拍不出來，任何修圖軟體都做不到。

一生只要來一次天空島，就會想「一路玩到掛」

薄暮時分，不妨站在天空島的入口－波翠（Portree）的海港邊，海面色彩斑斕，像彩虹，也像流影，停泊的小船像是故事書裡掏出來擺放的。

原來，天空島的白晝給人豪放不羈之感，到了黃昏，卻變得如此唯美。

天空島，大自然劈出來的曠世奇景

天空島土地貧瘠荒涼，沒有發展農業的條件，也因此沒有被濫墾濫伐，大自然巧奪天工打造出的絕景，得以保留波瀾壯闊的原始地貌。我由英國的南部、中部、北部，一路玩到外島，我能肯定，天空島絕對是這趟旅程中最璀璨的景點。

◇ 交通攻略
　　1. 伊蓮多那城堡已離天空島很近了，但自駕也需 1 小時。
　　2. 想自乘巴士前往，可由鄰近伊蓮多那城堡的 Bridge Rd End 站搭乘波翠方向的 915 號巴士，約 1 小時 40 分鐘到達波翠。

近觀、遠觀蘇格蘭裙岩，都好像在明信片裡

鬼斧神工的斷崖－蘇格蘭裙岩

　　蘇格蘭裙岩 (Kilt Rock) 是玄武岩形成，絕壁上的紋路是因古代溶岩冷卻而形成，與蘇格蘭裙極為相似而得名，密爾特瀑布 (Mealt Fall) 由崖壁上激沖而下一瀉千里，飛練般的瀑布與眼前的浩瀚大海相融，近觀時場面無比霸氣，遠觀時則與蔚藍的海岸線、天際線相連，不論什麼角度，都是明信片級的景色。

◈ 交通攻略

1. 由波翠自駕至蘇格蘭裙岩約 30 分鐘。
2. 想自乘巴士前往，可在波翠搭乘 57A 號巴士，約 30 分鐘在 Road End 站下車，再步行 3 至 5 分鐘可到達。

召喚野性的絕豔山景－奎瑞陵山口

冰河時期山崩形成的奎瑞陵山口（Quiraing），絕對是山景中的絕美，是天空島上最令人震撼的史詩級豪景，奇幻文學電影《魔戒》、《普羅米修士》磅礴大氣的壯觀場面，也是取自這裡。有幸親見，怎能不感恩、不讚嘆？

斜坡上，我看到無止無盡的蔥翠在此延展，嶙峋不平的陡峭岩石，劇烈高低起伏的山巒，形成奇形怪狀的山脊。

沉浸在奎瑞陵山口史詩般的豪景中，
讓我完全忘了驚嘆

腦海中對中土世界、蠻荒之地、上古生物誕生地神祕又詭譎的想像，全在這裡化成真實，而且毫無斧鑿痕跡。

　　我主觀地認為，奎瑞陵山口（Quiraing）比內斯特角更像天涯海角，或者說它才是真正的天涯海角。

　　不論站在哪個方向，都覺得身體、靈魂、感官，都在召喚內心深處的野性，再貞靜的人也會激起熱血沸騰的狂野。

　　眼前的綠，透過斷崖、奇岩、峭壁，綿延到海的那端，又長到世界、天地之外，也讓血液裡流竄的旅魂，再度不安分地蠢蠢欲動，只要這個世界還有美景，就不想有歇腳的一天，哪怕一年只有半個月。

◇ 交通攻略
1. 蘇格蘭裙岩自駕至奎瑞陵山口約 5 分鐘。
2. 想自乘巴士前往，可在波翠搭乘接駁小巴，約 45 分鐘到達奎瑞陵山口。
3. 接駁小巴營運時間在 5 月至 9 月中旬，可至官網查詢及訂票。
◇ 官網
https://www.go-skye.co.uk/shuttles.html

當特姆城堡只剩不完整的遺蹟群，很難聯想起過去的輝煌

在當特姆城堡看海天一色

曾經是麥可利德（MacLeod）與麥當勞（MacDonald）家族激烈爭奪的當特姆城堡 (Duntulm Castle)，17 世紀時被麥當勞家族擁有。

18 世紀時，麥當勞家族找到新的定居地，這裡便遭廢棄，甚至有鬧鬼傳聞，現在只剩零散的遺蹟群供憑弔，兩族爭峙的往事，淹沒在斷垣殘壁中，隨著天空島的風，隱入茫茫大海。

退一步，人生就真的能夠海闊天空嗎（攝於英格蘭天空島）

　　來到英國，城堡何其多，背後軼聞何其多，當特姆城堡絕對不是最慘烈的一個，不過，來到這裡的時候，天候一向變幻莫測的天空島出現久違的陽光。

　　這時的海面，藍得像一大片藍色絲絨布料，在眼前交融出天水相連的遼闊。蒼勁雄渾天空島，讓人興起對大自然的敬畏，接受陽光洗禮後，竟然完全褪去野性，散發出高雅柔媚的貴婦風情。

　　面臨有口難言的無奈時，不妨獨自來到海邊，對著大海傾訴，海不能言，卻能以濤聲回應，它用海納百川的胸襟，包容人生之苦。如果能養成海一樣的胸懷，煩惱必然會減少，這就是「海闊天空」的境界，但我還做不到，仍常被「喜怒哀樂」的情緒牽動。

◆ 交通攻略
由奎瑞陵山口自駕至當特姆城堡約 20 分鐘到達。

來到最遠的天邊－內斯特角

在旅遊書上看到內斯特角（Neist Point）時，一直以為是遠拍或空拍，沒想到這竟然是一個可以近距離接觸的豪邁大景，內斯特角燈塔（Neist Point Lighthouse）則是全球最美十大燈塔之一。

內斯特角遠觀似箭形綠色小島，此處的玄武岩地質與北愛爾蘭的巨人堤道類似，還有傳聞說內斯特角是從北愛爾蘭巨人堤道的海平面底下延伸到天空島。內斯特角號稱位在天空島最西端，走在步道上，就像走在天際邊界，來到遙遠天邊之感。

這個位子也是欣賞鯨豚、姥鯊最好的地點，但我來的時候風平浪靜，沒有任何魚類探出頭來。愈是平靜的海面，海，似乎更沒有盡頭，比遠方還遠，天空也寫著孤單，這就是所謂的天涯海角嗎？

來到內斯特角，會覺得天涯海角不是遠在天邊，而是近在眼前

127

我想到老歌「海角天涯」的歌詞，我也希望在離開前，能寄語內斯特角的浮雲晚霞，縱然這裡真的是天涯海角，我也會再回來……

◆ 交通攻略
　由當特姆城堡自駕至內斯特角約1小時30分鐘。

望斷天涯的等待－五姐妹山

　　位於杜伊湖 (Loch Duich) 前端、西爾峽谷（Glen Shiel）西部底端的五姐妹山 (Five Sisters of　Kintail) 是我在天空島行程尾聲造訪的景點。

　　很多景點背後的神話，都由傳說開始，金泰爾山（Kintail）山區酋長有七位掌上明珠，其中一雙姐妹分別嫁給一對愛爾蘭兄弟，他們承諾會帶其他五位兄弟迎娶尚未出嫁的五名姐妹，於是離開金泰爾山，回家鄉協助籌辦喜事，沒想到兄弟從此人間蒸發，待嫁五姐妹就像「飄零的落花」這首老歌裡描寫的：「可憐鴻魚望斷無蹤影，向誰去嗚咽訴不平。」

　　癡情女同意當地巫師施法，將她們化成五座山峰，至今仍繼續等待只有口頭約定的婚事。

　　我看見五姐妹依舊緊緊相依，靜靜俯瞰杜伊湖，彷彿對鏡梳妝，希望有朝一日仍有最青春的妝容當新娘。

　　用現代的角度解讀這個故事，當然覺得「太扯」，但我們不也都是因為這些故事而來，還聽得樂此不疲？對照現實生活接踵而至的不如意，淒美的故事真的很療癒，我希望它繼續流傳下去！

◈ 交通攻略
　由波翠自駕至五姐妹山約1小時10分鐘。

五姐妹山是美麗的景搭配美麗的故事，療癒視覺也療癒人心

水不在深，有水怪更有名－尼斯湖

劉禹錫說：「山不在高，有仙則名；水不在深，有龍則靈。」對尼斯湖（Loch Ness）而言，是有水怪更有名。

每隔幾個月或幾年，總是有繪聲繪影的消息傳出，說水怪又現身了，甚至還有現場目擊的照片佐證，水怪形象似蛟龍又像海蛇，又偷了點恐龍的形體。

即便水怪只是神祕傳說，我還是為了追水怪而來到尼斯湖

　　蘇格蘭高地有豐富的湖泊，沿途也遇上很多荒野間不知名的狹長湖，這些「無名湖」其實都比尼斯湖特殊，也更有意境，偏偏就是輸在沒有「水怪傳說」加持。

　　由蘇格蘭高地到天空島，再來到尼斯湖，我有一種由天上回到人間、由夢境返回現實的感覺，不是尼斯湖周邊景致不佳，而是天空島太美，讓人一離開就不習慣。

　　尼斯湖因其傳說帶來人潮，也因為人潮而顯得較商業化，即便證實水怪傳聞子虛烏有，拍到的照片、錄像也是造假，但傳奇故事總是令人浮想聯翩，也是造訪的理由與心靈寄託。

◆ 交通攻略

1. 離開天空島後，可將尼斯湖當成終點行程，由五姐妹山自駕至尼斯湖約 2 小時，尼斯湖與伊凡尼斯約半小時車程距離。

2. 由波翠搭乘 917 號巴士，約 3 小時 20 分鐘內到達伊凡尼斯，轉搭 17、19 號巴士約 30 分鐘可到尼斯湖。

即使要走，也要再看一眼

　　天空島是一個長約八十公里的蘇格蘭外島島嶼，沒有旅遊勝地常見的人工設施，像是方便載送旅客的電纜車、滑雪纜車、遊園公車，也沒有旅客習以為常的路面電車、地鐵，使得人跡罕見的荒山野嶺、沼澤濕地，得以維持無與倫比的自然之美。

　　人文底蘊、歷史情懷，由高地延伸至外島，一路上山重水複，卻又峰迴路轉，這樣的道路，不也是人生之路的縮影嗎？不順遂的

少了便利的旅遊設施，讓天空島維持「天然的尚好」

經歷，讓人一路崎嶇顛簸，跌得鼻青臉腫，也只能咬緊牙關，再痛苦也要熬，熬得過去，就漸漸柳暗花明了。

想去的地方太多，但我仍堅信總有一天會回到這裡。

深埋的記憶，怎能遺忘？驀然回首，傳來的是曠野中悠悠揚揚的風笛聲，離開天空島的清晨，背後，似有一聲輕輕的嘆息，是告別，是感傷？還是來自大自然的呼喚？這天地悠悠，我只是來去匆匆的過客。

旅遊指引

◈ 延伸資訊
1. 安排天空島行程建議與蘇格蘭高地一起排入，延伸到天空島。
2. 天空島巴士不發達，不是所有景點都有巴士或接駁服務，自駕是最便利、自由的方式，也可選擇輕鬆跟團走。
3. 參加高地旅行團者，多由愛丁堡來回，也能一路自行由威廉堡玩至波翠，再參加波翠出發的當地旅行團。
4. 蘇格蘭高地旅行團參考：

出發地	蘇格蘭高地 -scottisth-highlands 旅遊行程相關資訊網址
由愛丁堡出發	https://www.rabbies.com/en http://www.scotlinetours.co.uk https://www.haggisadventures.com https://www.macbackpackers.com
由波翠出發	https://www.realscottishjourneys.com http://www.tourskye.com

洛磯山脈山湖戀─
露易絲湖、夢蓮湖（加拿大）

露易絲湖被喻為洛磯山項鍊、寶石，令我無怨無悔由臺灣追到加拿大；鄰近的夢蓮湖，名氣沒有前者響亮，景致卻完全不遜色，人跡少，比露易絲湖多一分物外清幽。在兩大湖邊，放眼望去，好山好水比比皆是，被洛磯山美景擁抱，就是這麼理所當然。

行程資訊

- ☼ 建議停留天數：至少 3 天
- ☼ 建議住宿地點：露易絲湖
- ☼ 路線規劃：
  露易絲湖─夢蓮湖─露易絲湖─班福
  第 1 天玩露易絲湖
  第 2 天玩夢蓮湖，晚上返回露易絲湖住宿
  第 3 天前往班福，並在班福住宿

登高望遠，落磯山脈美好風光，完全不隱藏（攝於硫磺山）

134

美到令人失控－露易絲湖

在露易絲湖(Lake Louise)站點下車,我在約 100 公尺外看到隱隱約約的寶石綠,竟然拔足狂奔,像有輕功一樣,穿過正在戶外辦派對的人群,與任何人錯身卻完全沒有撞到對方,連衣角都不曾碰到,來到湖邊時,被眼前的翡翠綠碧湖震懾,簡直是綠到「令人髮指」,莫非這是一面碩大的魔鏡,不但吸收全世界的綠,還足以由遠處對人勾魂攝魄?

遠處見到這片翡翠綠,竟讓我失控狂奔而來,少看它一秒都是損失

維多利亞山與山頭未消融的白雪、繁茂的森林、山間雲霧,都圍繞著翡翠鏡般的露易絲湖,讓身在湖畔的任何生物,都如同置身在油畫裡,針葉植物倚湖而生,更像是露易絲湖的忠誠追隨者。

面對露易絲湖醉人的湖畔風光，只想坐到夕陽西下也不想移步

光線的折射，讓湖面有不同的色彩變化，就如同換裝，總是帶來驚喜

　　橫跨加拿大與美國，峰巒綿亙 4800 公里，經過造山運動、千年風化、冰河作用……這些複雜的地質變動，讓落磯山脈天然資源包羅萬象，有數不清、看不完的旖旎山水。

　　我對當年看到露易絲湖，瞬間驚豔而出現的失控行為，至今仍無法解釋。我想起日漫「犬夜叉」裡的神無，她有一面吸取靈魂的鏡子，而且能反彈任何武力攻擊。如果露易絲湖真的是一面神無之鏡，當時的我，是不是也被吸走靈魂？或許，美麗的湖，都有勾引魂魄的魅力。

安排加拿大旅遊那年，正好我面臨人生轉折，身邊充斥著很多「關愛」，原本我是一派船到橋頭自然直、也無風雨也無情的瀟灑，但也因為源源不絕的關心而倉惶不安。

　　真的想解釋我當時的脫序，可能是瞬間面對驚人景色，有一種難以言喻的興奮，如同幸福感霍然迸裂，大腦反射牽動行為，看到美景就衝，但也因為修行不夠，容易被來自四面八方的干擾而讓情緒起伏波動，反而自己困擾自己。

◇ 交通攻略
　1.由溫哥華出發到露易絲湖至少 12 小時，可搭乘灰狗巴士前往，建議搭晚上出發、次日中午前抵達的班次，可省一日住宿費。
　2.巴士班次查詢：https://www.busbud.com、https://www.greyhound.com
◇ 旅宿
　1.離露易絲湖鄰近的住宿不多，價位偏高，如有預算壓力，也有平價的民宿、青年旅館供選擇。
　2.可住在每房 1 晚近兩萬台幣起跳的路易斯湖城堡飯店（Chateau Lake Louise），一出門就到湖邊，完全享受露易絲湖全景，也能由房間內看到湖景。
◇ 周邊延伸景點
　露易絲湖鄰近步道健行

步道名稱	海拔增加	健行時間（來回）	難易程度
Lake Agnes Teahouse	385 公尺	2.5 至 3 小時	中等
Plain of Six Glaciers	365 公尺	4 小時	中等
Saddleback Pass/Mount Fairview	595 公尺	3 至 4 小時	較難

願在此長醉－夢蓮湖

露易絲湖美得讓我一見鍾情，一面之緣就纏繞著剪不斷的萬縷情絲，鄰近的夢蓮湖 (Moraine Lake)，人潮少了很多，卻顯得更加清淨，我大膽的說，如果露易絲湖是天堂，夢蓮湖就是祕境了。

我在雨天造訪，雨滴像斷線珍珠灑落湖面，漾起泛泛漣漪，在湖面上暈開，也讓心湖隨之蕩漾。

當時沒有陽光，卻多了輕霧籠紗似的朦朧之美，我看見夢蓮湖的湖水呈現的是疏淡的漸層淺藍，少了絢麗逼人的幻彩，卻有一抹溫潤如玉，與圍繞著它的十座高山輝映風采。

想暫時逃離現實，不妨來人潮較少的夢蓮湖自療一下

這座冰磧石阻隔融雪形成的湖，絕對是一座受嬌寵的湖，十座峰頂積雪的巨大山脈，將它緊緊擁抱在中間，就像十名忠心耿耿的貼身侍衛，天長地久保護尊貴的公主。

　　湖邊布滿大小不一的枯木，有的甚至還飄在岸邊的湖面上，岸邊堆疊著冰磧石，又有針葉植物簇擁，偶來幾葉輕舟點綴，供遊客環湖近距離欣賞湖間晶瑩澄明的景致。

夢蓮湖堪稱祕境，是一個適合療傷的地方

　　那年我事事不如意，處境四面楚歌，我渴求能有獨自悲傷的權利，沒什麼交情的人給予的關注，會讓我有壓力，在崩潰邊緣還要費盡唇舌解釋，每重述一次，傷口就會再撕裂一次，我更不想將他人的關心曲解為八卦，乾脆築起銅牆鐵壁般的防禦堡壘，將訊息全面封鎖。

　　即使遇到追根究底的人，我也展現出輕鬆堅定：「非常好！以後也會比現在更好！」事實上，那時每一次說出口的「我很好」，都淌著血、咬著牙，那時的我，想用這樣的回答，向不順遂的環境宣戰，也給自己信心，沒有權利再受傷了。

在這個當下，只想面對夢蓮湖，背對所有無奈的現實

很慶幸能在那個時候與夢蓮湖牽起情緣，只想挑一個四下無人的清晨或黃昏，獨自親近夢蓮湖，如果美景會醉人，我已在湖邊醉倒，但願長醉不願醒，古人醉臥沙湯，今人醉臥湖邊，且讓所有的流言蜚語、所有被視為笑話的種種事件，都傾注在夢蓮湖中，融入湖底的碎石、石粉，凝出一池璀璨，治癒更多受傷的心靈。

◈ 交通攻略
1. 露易絲湖到夢蓮湖自駕車程約 30 分鐘，2017 年 9 月 11 日至 10 月 9 日期間，提供免費接駁，後續年度是否有接駁服務可向當地旅客中心確認。
2. 露易絲湖到夢蓮湖的交通也可參考 Mountain Park Transportation 的付費接駁服務，由 Lake Louise Village 出發。
◈ 注意事項
1. 夢蓮湖只在 6 月至 9 月開放，其餘時間會封閉道路，景點開放、關閉資訊可上 Parks Canada 網站查詢。
2. 夢蓮湖停車位有限，建議以搭乘大眾運輸工具為優先選擇。
◈ 周邊延伸景點
夢蓮湖鄰近步道健行

步道名稱	海拔增加	健行時間（來回）	難易程度
Moraine Lake Shoreline	無	45 分鐘	簡單
Larch Valley	725 公尺	4 至 5 小時	中等

被落磯山脈擁抱的山城－班福

　　所有城市的市中心，一向給人繁華忙碌的印象，一間間精品店，高級餐館、品牌服飾店、度假飯店林立，面無表情的趕路上班族、逛街購物的觀光客，從身邊擦身而過。

　　結束露易絲湖、夢蓮湖的行程，來到最熱鬧的班福大道上，原以為又會有從天上返回人間的感覺。事實上，班福（Banff），是一個走在市中心，也能一邊欣賞落磯山脈風采的仙境小鎮，不論走在哪個角落，都能看到山群的身影，不管街上有多少人潮，就是淹沒不了山的蹤跡。

任何一個角落都能享受落磯山脈無敵山景，是身在班福的幸福

街上的建築，還保留著源自 19 世紀的復古風貌，沒有高樓華廈，每棟建築都像放大的精緻小物，最令我感到新奇的，是賣場裡一間甜點店面。

五顏六色的療癒系甜點排排站不稀奇，甜點店還讓遊客看見手工巧克力、糖果的產品製程，以及穿著白色制服工作人員相當專注與忙碌過程的「直播秀」。

療癒系可愛甜點的製作過程，透明地呈現在觀光客面前

走出賣場又回到大街上，再度看見群山倩影，包圍著班福小鎮，遼闊的大景，不必往山上走，在離自己生活圈最近的地方，步步都是落磯山脈延伸出的景致，只是不知小鎮的居民，能不能理解外來觀光客對他們的欣羨之情？還是把這樣的幸福當成順理成章？

誰說市中心只適合逛街購物？班福就是一個適合暫時「出走」的人，療癒自我的「市中心」。

副駕駛坐上的牠，一臉乖巧，看得出來牠是深受寵愛的好命愛犬

◆ 交通攻略

　　夢蓮湖到班福並無固定大眾運輸，可先返回露易絲湖，再搭乘灰狗巴士前往班福，車程約 50 分鐘內。

◆ 旅宿

　　可將班福當成離開露易絲湖後的住宿地點。

◆ 周邊延伸景點

　1. 硫磺山纜車站

　　硫磺山纜車站距離班福 10 分鐘車程，搭纜車到達海拔 2285 公尺的觀景臺遠眺班福全景，山巒、河流、森林，景致壯觀遼闊。

　2. 傑士伯

　　結束班福行程後，亦可由班福玩至傑士伯，可走以下路線：班福－弓湖－佩托湖－哥倫比亞大冰原－阿薩巴斯卡瀑布－傑士伯，當天夜宿傑士伯。

忙碌上班族也能這樣玩－小巴團爆走

　　有沒有這樣過？因為懶，因為忙，沒時間規劃行程，攤開旅行社網站，行程確實豐富，天天吃好住好，卻又不是每天的行程都滿意。不想做繁複的行前規劃，又不想被套裝行程綁手綁腳，可以考慮「小巴團爆走」的玩法。

小巴旅行團有背包客的自由，又能享受旅行團才有的便利

　　來到斯洛文尼亞首都盧布亞納那天，接到一封當地旅行社的電子郵件，原來我事先在 viator 網站上報名的威尼斯巴士旅遊人數不足、導遊生病行程被迫取消，希望我能延後 2 天，參加下一個梯次，也可電話溝通解決這個問題，但威尼斯下一個出團日，我已訂好要前往布列德的車票與住宿，沒辦法更動行程，於是我打電話跟旅行社溝通，協調結果是威尼斯 1 日遊的行程會退款給我，也問我要不要參加確定出團的行程，我找到滿意的行程後，竟然傻傻地問價格，旅行社人員卻說，這個行程是補償我的，團費全免，只需自理午餐，我就這樣賺到免費的 1 日遊行程。

　　一對旅居倫敦的義大利籍夫妻正好跟我同團出遊，他們也大方分享旅行方式，他們不喜歡規劃行程，又不想參加旅行團，於是採取折衷，自行上網訂機票及住宿，每到一個地點，就天天報名當地旅行團帶他們出去玩。

　　只挑喜歡的行程參加，不必屈就套裝行程中不滿意的景點，到了下一個城市，繼續報名當地旅行團到處遊歷，他們享受到背包客專屬的自由自在，又享受到旅行團帶路的方便，要是某一天太累，就在旅館睡到天荒地老，沒報名行程的那天，就在附近的餐館享用美食或喝下午茶。

一趟長途自助旅行，我的習慣是機票、住宿、景點、交通、地圖、門票資訊、緊急聯絡處……等雜項全部自己查、自己訂，也會依需求製作輕便版旅遊手冊，都是一年前就開始陸續準備，想把行程規劃得鉅細彌遺，耗心費力又傷神。

不會開車、沒時間規劃行程，參加當地旅行團是折衷的玩法

　　像這對義大利夫妻的「小巴團爆走」玩法，就相當適合不想花太多時間做行前準備的族群，或者有些地方只能仰賴自駕，有些景點太偏僻，缺少路標連自駕都不方便，當地出發的小巴旅行團，就能發揮作用。

小巴旅行團大多都透過幾種方式報名：

一、出發前線上報名。

二、直接到當地旅行社櫃臺報名。

三、在旅客中心或旅館櫃臺報名。

旅遊指引

◈ 注意事項

1. 報名「小巴旅行團」需注意集合地點離住宿的旅館是否方便，有的旅行社會直接到旅館接送，給旅客最大的方便，有的則是在旅行社門口或車站、廣場……之類的大地標集合。

2. 除了可在當地旅行社官網報名外，也可在全球性的線上旅行社（網址：https://www.viator.com）報名，報完名刷卡後，會收到一封確認訂單及旅遊券，上面有當地旅行社聯絡方式，出發日只要出示這張券就行了。

3. 有什麼問題也可先用信件向旅行社洽詢，一旦這間在地旅行社有什麼狀況，也可以反應給線上旅行社幫忙處理，像我的威尼斯行程退款，即是透過他們來辦理退款手續。

旅途中，陌生人教我的事

旅途中的風景，最美的仍然是人！

　　獨自旅行的時候，對於人的感觸也特別深刻，彼此的邂逅，一輩子就那麼一次，甚至連聯絡方式也沒有留下，即使這輩子不會再有任何交集，他們的長相在我的腦海中漸漸模糊，我也在他們的記憶中被時間抹去。

人，才是旅途中最美的風景（攝於奧地利維也納）

　　然而，萍水相逢的短暫陪伴，仍讓旅途中留下醇酒般的醉人記憶，在回憶中不斷發酵。

　　遠行，到底是去看景，還是與人相遇？我認為以上兩者都有吧！因為景，驚豔了目光，因為人，溫暖了的心情。如果說人生不是得到就是學到，旅行也是。

　　本章節整理了旅途中一些可愛、可敬的陌生人，帶給我的回憶與教育。因為走過，所以留下痕跡，曾經詳實記錄，如今想起仍感到記憶猶新，彷彿相遇在昨日。

　　不知這些旅人仍在他們的國度裡好好地生活著嗎？是否仍堅持最初的信念，一年一年持續旅行下去呢？如果緣份修得夠，或許，我們還會在世界的某個角落再度錯身……

世界某個角落錯身而過的陌生人（攝於克羅埃西亞扎格雷布市集）

　　世界這麼大，讓我們再多看一眼吧！

破碎的臉，美麗的心（香港）

一分錢一分貨，住進「恐怖旅舍」

2008 年春節在香港，為了壓低預算，在地處偏僻的青年旅館訂多人房，預算至上的結果，竟然是住進「恐怖旅舍」。偏遠地區夜間酷寒，想先洗澡再上床，沒想到澡間浴室門半毀，用盡洪荒之力才能鎖上，沒有熱水只有溫水，開啟兩分鐘變成冰水，只好拿出中學住校洗戰鬥澡的本領，五分鐘內逃出浴室。

多人房價位太便宜連棉被都沒提供，也無法租用，只能向櫃臺借毛毯，借幾條沒有上限，可怕的是，這些毛毯都是其他旅客用過沒洗，再給別的旅客循環使用，基於衛生問題不拿，就是整個晚上爆冷，為了禦寒勉強使用，則有異味、酸味飄出，還隱隱約約看到陳年污漬。

我睡在破窗邊，窗戶年久失修，積了厚厚的灰塵，夜晚風大，風聲混雜著門窗碰撞聲擾人清夢，到底睡不睡？我駝鳥心態地戴上口罩，阻隔老舊毛毯的異味，戴上耳塞杜絕風聲與門窗拍打聲。

一秒鐘瞬間驚嚇，其實她是「心慈則貌美」的代表

住到有始以來最恐怖的青年旅館，多少影響了旅遊心情。旅館在郊區，沒有地鐵可達，必需在信德中心旁的公車站等候接駁車，一個西方女子迎面而來，我也不經意的抬頭望向她。

剎那間，我為她的外形所驚，那是一張扭曲到近乎破碎的臉，五官的位置也不對稱。她的身軀嬌小瘦削，卻揹著一個大旅行包，她沒有多注意我，只是直視前方，眼神透露著安穩與堅定。巧的是，她跟我搭同一班車，還做了我的室友。

那名女子卸下大背包，氣定神閒地將睡袋鋪在床上，看她俐落的身手，我猜想她應是旅行經驗豐富的玩家。

來到比臺北嘈雜的香港，心房敞開，也有機會遇上屬於人的美好風景

我以「睡袋」為話題與她攀談。她回頭過來看我，臉上浮現驚喜的表情，似是驚喜於有人主動跟她說話與示好。原來她是倫敦人，喜歡大自然，鍾情花草樹木與小動物，這幾年來，一直在國外做義工，幫忙種樹，她認為一己之力有限，但多種一棵樹，大地環境就多一分綠化，地球多一個守護神，當時她旅行到香港，還沒有計畫日後要到什麼地方去。

她說，她很愛地球，在地球生活，就對大地有責任，她在說這些話的同時，眼神中散發著燦爛的光芒，閃爍著如星如月的動人光輝，在破碎的臉之下，有一顆美麗的心。

身為地球人，她以實際的行動回饋大地，帶著感性、帶著柔情栽種數不清的樹木。多年來回想起這件事，深覺「世界地球日」應該找她來代言。

對環境有愛的人，誰能說她不美

人與人之間接觸，第一眼印象就是對方的外型，也常見到外觀異常者成為被霸凌的主角，不知這位愛地球的女子，有沒有過難堪的經歷？有沒有因為「跟別人不一樣」的外表，遭遇不公平對待？

她的人生是不是走得比別人辛苦？這些我都沒有向她要答案。

不過，不管與生俱來是什麼樣的相貌，她勇敢面對這個世界，也盡自己的力量去愛這個世界，這樣的人，誰能說她不美。

來到郊區赤柱，才知道香港也有湛藍的海景，和煦的海風

　　憑姿色換來的嬌寵待遇，非常短暫而殘酷，李白在千年前就真知灼見：「以色事他人，能得幾時好？」生老病死是上天對每個人最大的公平，跨進年齡禁區，沒有不老的寶刀，更沒有不老的容顏，凍齡、美魔女的名詞，只不過是某些行業迎合人們嚮往產生的廣告詞。

　　十年了，我忘不了她清澈眼神中的堅持，不知這位愛地球的女子，是不是一如往常在世界各地種樹？她的綠足跡現在跨到哪個國家？我也相信，只要地球暖化不停止，她仍會用愚公般的精神，一步一腳印，用她的溫柔之手栽下綠樹種子，展現無與倫比的美麗。

行動不便的暖男（英國）

路癡本色，障礙不分遠近

對於路癡而言，並不是距離鄰近就不迷路，愈是找不到路，我就愈神經質，愈走愈遠，有時則是鬼打牆走回原點，還常常走了完全相反的方向。當時，我在英國走湖區的行程，我由亞伯塞德旅客中心出發，準備前往森林輕度健行，目的地是找到小瀑布，偏偏「路癡症候群」發作，一直在同一個地方打轉。

當時，就是在這裡遇到那位熱心助人的暖男

我遇到一位瘦小的西方中年男子，約五十歲左右，說的一口正統的英式口音，他主動問我是不是需要幫忙？是不是找不到路？他的笑容十分真摯親切，而且帶有孩童般的天真……

在他用心的指引下，我才發現自己完全沒注意到沿路上都有路標，只要跟著路標箭頭，就能到達健行入口，順利找到小瀑布。

向外地人介紹景點，行動不便卻想追過來

這是一段很人性化的步道，不但路途平坦，而且沿路都是指標，不會誤入岔路，一路上的森林芬多精讓人身心舒暢，我也順利完成輕度健行，找到「不怎麼樣」的小瀑布。

回程時，仰賴路標走回亞伯塞德市中心，我竟然又遇到早上熱心向我報路的中年男子，原本一開始我沒有注意到他，過了馬路就想往超市走，卻被他叫住：「妳就是在找瀑布的那個女生！」

中年男子接著繼續問：「有看到瀑布嗎？」這時我注意到早上完全沒有發現的事，原來他有一條腿裝了支架。

他繼續說：「早上原本想跟妳再多介紹一些景點，可是妳好像很急，跑得很快，我根本追不上去。」我餘光看到他腿上的支架，覺得很不好意思，我竟然這樣糊塗莽撞，在他還沒說完時就匆匆跑走，而且主動幫忙我的他，還是生活上更需要別人幫助的人。

因為有你，才讓瀑布這麼美

我再度向他誠心道謝，並跟他說我是第二度來英國，很喜歡亞伯塞德，也真的找到瀑布了，我也告訴他，瀑布真的很美，我沒說出口的是：「瀑布這麼美，是因為它是你為我指引的、獨一無二的瀑布！」

其實，我見到的瀑布是很普通、很常見的小瀑布，我也發現，再平凡的景點，一旦與人情交融，就會自動增色，在回憶裡愈來愈鮮明。

再平凡的景，有了人情加持，都會美麗起來

　　再美的景點，一旦遇上人情，人情之美，也會壓過景點的風采。跟這個中年男子道別後，我過了馬路，又不經意地回頭看他，看著他有些吃力的抬起腳步，慢慢往前步行。

　　我回想早上急急跑走的行為，覺得我這分糊塗好似摻雜著對他的殘忍，而這也讓我反思，如果今天行動不便的是我，走在路上步履蹣跚，步步為營關注自己的安全，還會有餘力在意周遭好手好腳的人是否需要幫忙嗎？

　　我不知這位男子背後有什麼樣的故事，讓他無法像正常人一樣走路跑跳，但我相信，能關心身邊的事務，甚至幫助素昧平生的旅人，代表他的心胸敞開了，行動不便顯然只是外在表象，由協助他人的行動中，真的能感受施比受更有福。

　　我一直不是一個能一心多用的人，重新檢視自己，在面對重重挫折、不斷思考如何解決問題的同時，我分給別人的時間，似乎少了點，期許自己，在焦頭爛額的同時，能適時轉移困擾自己的那些焦點，在心裡空出容納其他事務的位置，相信，這一切的風景，會變得不一樣。

原來，夫妻不必一起旅行（德國）

夫妻同遊，她老公去哪了？

　　我在德國慕尼黑入宿的是一間平價旅館的多人房，入宿的第二天，一位六十歲的越南媽媽住進這間多人房，禮貌性的打招呼後，她主動跟我攀談，我也帶她去慕尼黑市中心和中央車站走走，帶她去買德式熱狗，告訴她搭火車的地點。

　　這位越南媽媽告訴我，她嫁了澳洲人，在澳洲從事輔導越南新娘的工作，這陣子她和老公都休假，一起出國玩。

入住這間平價旅館，跟越南媽媽成了室友

　　接著，又拿出包包裡的藥，展示在我面前，她說她有心臟病、高血壓，也有過敏，又說了幾個我聽不懂的英文病名，也半開玩笑地說：「要是沒這些藥的話，大概今天晚上我就掛了！」

　　我發現有件事情不對，她明明說她和老公是一起出國玩，怎麼會住進散客入住的多人房？而且我從頭到尾只看到她一個人，完全沒看到她口中的「老公」。

　　後來我終於弄懂她的意思，她確實和老公出門旅行，只是夫妻分開玩，她來到慕尼黑，熱愛登山攻頂的老公則前往瑞士健行。

身體條件受限，也有權利旅行

　　以她的身體條件，不允許從事激烈的登山、攀岩，於是她在醫師的建議下，攜帶備用藥物出國，在體能與健康的範圍內在城市悠遊，旅途中，夫妻會以通訊軟體分享彼此的旅途見聞。

　　旅遊資源何其多，滿足不同喜好與條件的人，最重要的是找出適合自己的旅行方式與地點，這對異國夫妻感情美滿，但彼此的旅行共識是「分開玩」。

越南媽媽也坦言，她老公很希望能帶她到山頂上，居高臨下看雲海，欣賞隱藏在高山林野間的湖泊，或與深山裡的小動物相遇。

　　同樣的，她也希望老公可以跟她一起見證歐洲大城市的繁華，看巴洛克式建築，在雪梨歌劇院聽歌劇，在香榭大道喝下午茶。

　　她老公卻是一個對都市厭煩的人，只要有假期，就往山林裡鑽，因此夫妻同遊的次數少之又少，但彼此的感情卻不受影響。

帶嚮往大自然的老公看大城市，是越南媽媽的願望（攝於慕尼黑）

一個人旅行，才有跟自己真正獨處的機會（攝於葡萄牙羅卡角）

最後這位越南媽媽從包包中拿出一本老舊的「澳洲史」手冊，說這是老公在結婚不久時送她的，希望她能好好了解澳洲這個國度，只要她出門遠行，這本手冊就像護身符一樣帶在身邊，這是她與老公獨特的默契。

一個人旅行，有什麼好奇怪？

由越南媽媽和她老公的故事，讓我覺得如果連夫妻都能「分開玩」，一個人旅行，也不是什麼奇怪的事了。

有時候，一個人出發旅行，不是沒朋友，不是沒伴，而是彼此的興趣與條件不同，或者時間搭不上，選擇分開出發而已。

對不起，我一次只想一件事（德國）

他的工作哲學：一次只想一件事

我的班機上午到達，早上九點，就來到德國慕尼黑的平價旅館。轉機、長途飛行的勞累，到了目的地，很想趕快休息，但旅館櫃臺人員告知，入宿時間是下午兩點。

他就是力行「一次只想一件事」的旅館櫃臺人員

當時實在太過疲勞，也有點「神智不清」，我就問工作人員一堆超笨的問題，我剛下飛機很累，想休息，也想先洗澡，可不可以先進去洗澡，下午再辦住宿？工作人員遞給我一把公共衛浴設備的鑰匙，可以開樓上的公用洗澡間。

　　我又隨口問，能否先給我無線網路的帳號密碼，等一下我想使用網路，這個看似平常的問題，卻讓這位德國櫃臺人員皺起眉頭反問我：「等等，妳是想休息，還是想洗澡，或是想上網？」他的表情極為嚴肅，把我的需求一一統整。

　　我非常誠實地回答他：「都想啊！」

　　櫃臺人員仍一臉嚴肅：「妳要不要先上去洗澡放鬆一下，洗完澡，我們再來討論使用無線網路的事好嗎？一次想那麼多事，不會太累嗎？同一個時間想一件事就好！」

無法學別人，就好好做自己

　　反思自身，不管是在工作上或生活上，我有高專注力，卻一直沒辦法一心多用，我也曾想改變，學會多工處理的能力，讓自己符合社會或周遭的期待，但學來學去，卻學得四不像，如果是無傷大雅的事，我可以同時進行，一旦遇上高難度任務，瞬間不斷切換，反而讓我現有的任務出現遞延與錯誤，需花更多時間修正與彌補。後來不但沒養成一心多用的專長，連原本擁有的「專注力」這項優點也弱化了。

從旁觀察，有人真的能把重要任務同步進行，而且游刃有餘，換到我身上，變成手足無措、畫虎不成反類犬，硬要扭轉某部份的劣勢，卻讓現有的優勢消失，我也決定，沒辦法學別人，不如好好做自己，扭轉不了劣勢，不如讓優勢得到更大的發揮。

　　我們總是習慣要求自己，也要求別人把很多事同步進行，身處的環境總是逼我們成為多頭馬車，不斷有臨時性事務打亂目前的腳步，搞得焦頭爛額，結果窮忙了半天，卻發現沒有一件事能做好。

一次只想一件事，對德國人而言很順理成章

　　一心多用，看似是社會主流，是生存之道，但我也相信，更加多變的世界，會更有空間包容不同特點的人，在社會上生存，不會是特定人格特質的專利，每個人都會有適合的位置，例如我在公司部門的工作範圍內，專注，反而提高產值，不學別人，反而找回自己，只因放對了位置。

服務業人員，臉上呈現的不是笑容而是專注

常看到很多服務業從業人員，面對五花八門的客戶，練就三頭六臂的功夫，以上所述的德國櫃臺人員從事的工作也是服務業，天天面對來自世界各地的旅客，不僅能堅持「一次只想一件事，一次只做一件事」，還會反過來教育客人，同時被很多雜事牽絆，只會累死自己。

在德國其實只有十天左右，不過，在旁邊觀察，我發現德國人在服務某位客人的時候，完全專心處理那位客人的事，其他人也不會中途來打斷。

如果那位客人辦完事後，發現有事情忘了處理，工作人員已在服務其他客人，就必須按規定重新排隊，輪到他的時候，才能諮詢，幾乎找不到插隊的空間。

我更發現德國的服務業工作人員，並不是滿臉笑容地提供服務，而是表情專注，或者說是極為嚴肅，會讓想從中打斷他們的人不好意思打擾，只能乖乖地按照他們的程序來進行。

100 歐元的故事（葡萄牙）

扒手猖獗，全面提升紅色警戒

決定去葡萄牙前，就有心理準備，南歐扒手猖獗，個個訓練有素，葡萄牙也榜上有名，觀光客必搭的里斯本 28 號電車，更是扒手精挑細選的出沒地點，就連近郊辛特拉，也發生過臺灣觀光客皮夾被竊的案件，有了心理建設，原本就很有防心的我，更是不敢鬆懈戒備。

里斯本 28 號電車陪觀光客飽覽城市風光，卻是很多扒手下手的目標

　　我由里斯本機場搭地鐵到市中心出站，立刻敏感察覺到，比起治安良好而嚴謹的國家，葡萄牙治安只能算還可以，街上仍看到流浪漢、醉漢和看似精神失常對著空氣胡言亂語的乞丐，只要有人靠近就伸出手上的空紙杯乞討，我遇到這種狀況就是直接走開不理會，然後再以餘光注意對方有沒有跟上來。除了這些異常的人外，倒是沒看到當街行搶、勒索的畫面，另外，市區一些地方常有警察駐守，多少對治安有所改善。

遇上「剪溜仔」，跟蹤行竊？

　　葡萄牙十二天的旅遊，100 歐元的故事，發生在辛特拉。當天我沒有排行程，趁著早上洗完衣服，再把洗好的衣物拿到街上的自助洗衣店烘，走在街上發現後面有人靠近，餘光撇見對方確實跟著我，不會吧！真的被扒手盯上了？

　　我的斜背包沒有皮夾，只有一個小塑膠袋裝有零錢，貼身多口袋背心穿在襯衫裡，藏有信用卡、現金、文件影本。我發現那位疑似扒手的人還是跟著我，但現在是大白天，辛特拉市中心人來人往，根本不必怕他，我刻意裝成不知道他在跟蹤我，維持同樣的步伐。

不過，那個人由後方靠近，還打了我一下，我本能地閃開，回頭一看，原來是一位老先生，遞了 100 歐元給我，還表情嚴肅指了指後面的地上，又說了一段我聽不懂的葡語。

　　我揣測他的表情，覺得他的話意應該是：「妳的錢掉在那邊，幸好是遇到我，不然的話，錢一定找不回來了！」

　　拿回 100 歐元時，我不斷地對他「謝天謝地」，因為這些錢對我而言，實在太重要了。我想，要是在里斯本，很可能 100 歐元就「遺」去不回了！

在辛特拉找回 100 歐元，算是這趟旅程的意外收穫

　　我回到房間檢查那件多口袋背心，並沒有任何破損，一時之間想不通，錢怎麼會掉出來，後來心想可能是手伸進去拿別的東西，不小心把鈔票移出口袋了。

出門在外，還是不能沒有防心

　　把善心阿伯誤判成小偷，確實心裡覺得對他很愧疚，但出門在外，腳踏別人的土地，鬆懈防備，只會讓風險無限提升。

　　回想起，在國外誤會好人的經驗不只一次，一切歸因於「防人之心」過了頭，以至於「杯弓蛇影」，神經緊張到把每個有可疑舉動的路人，都當成「賊」來防範。

　　後來我學到，再怎麼提防戒備，盡量不要把「敵意」浮現在臉上，如此一來，遇到的是善心人士，就不會在接受幫助時，徒增尷尬。

　　看多了旅人在葡萄牙遭偷竊拐騙的慘痛案例，而且這些騙徒扒手的騙術變化多端與時俱進，專挑亞洲旅客下手，為了快樂出門，平安回家，警戒之心絕對不能有一刻鬆懈。

第 **4** 章

愈忙，愈要去旅行

職場生存學：
受不了就走人，受得了就撐下去

沒被操死，就別說你待在公關業！

什麼樣的工作，讓你請三週假？只為了出國玩？說起我的旅途，引起最多好奇的，就是我到底從事什麼行業？

當別人一聽到我的行業是公關業時，驚呼聲不絕於耳。眾人的刻板印象中，沒被操死，

由渡輪上看景，一邊想著，請三週假，已是稀有的員工福利了（攝於多瑙河）

就不算真正踏入公關業，體檢紅字太少，有可能是你不夠「敬業」，沒有發胖，代表你不肯熬夜。我身在這行業的圍城內，也深深感到，公關業，在光鮮亮麗的背後，經常必須付出「爆肝」的代價。

什麼都是「馬上要」或「愈快愈好」

曾經半年內有十多名新人來來去去，當時正好是我有生之年最缺錢的時期，也希望能更深入了解公關業生態，於是選擇觀望而不是離開。因當時的我心想這就是職場適者生存的生態，受不了就走人，受得了就撐下去。

這時又聽到公司為了改善可怕的流動率，成立新部門支援專案部，調整無止境的加班現象……而這些因素加起來，才讓我有緣分留下，雖然公司成立最人性化、上下班較正常的企劃部，但為了建立客戶心目中「使命必達」的形象，提案、企劃、新聞稿、廣編、邀請函、所有周邊文案，常常都是「馬上要」或是「愈快愈好」。

工作到心跳與血壓同時飆到 160

提到公關業中最人性化的公司，我們公司榜上有名，分工細緻度堪稱同行典範。即便待在全公司最好部門，制度未落實前，我曾在電腦前工作到一半，心臟疼痛及心悸，進醫院急診，才知心跳與血壓同時飆到 160，但我沒有心血管病史，醫師建議我檢查是否有甲狀腺機能亢進，而我卻認為這應該是公關業的「職業傷害」……

旅行是唯一可以喘口氣的「小確幸」

究竟該付出健康換取升遷、高額獎金與年終，還是寧可賺得少一點，讓自己活得快樂和健康？

勞基法保障勞工請病假的權利，在職場上，還是有執著責任感的勞工，放棄請病假，然而，一旦工作出錯，不僅不會獲得敬業的好評，也不會有人體諒你真的生病了，反而會責備你犯下「滔天大罪」。

忙碌，讓人更想出走（攝於桃園機場）

不只是公關業，不少號稱錢多福利好的企業，都是用員工操壞的五臟六腑，一點一滴寫下看似光鮮的歷史，「高薪」，常是包在血汗糖衣裡的毒蘋果，我寧可守住健康基本盤，原因很簡單，我想旅行，需留有用之軀。我告訴自己，愈忙，愈要去旅行，因為這是我在日復一日繁忙工作中唯一可以喘口氣的「小確幸」。

為了旅行，不適任，還是留下

　　說到進入公關業的原因，實在很瞎，對這個行業一點也不了解的我，說去就去，才變成誤闖公關業的迷糊鬼，一直到進入第六個年頭，我仍覺得我並不適合公關業，卻因為旅行而留下。

為了每年的旅行，選擇留在現今的公司（攝於桃園機場）

急什麼？不要叫便秘的人趕快拉完

　　公關業，要的是動作快的員工，但我是龜速王，天生就是「反應慢、動作慢」，跟我說：「拜託能不能快一點？」就好像對一個便秘的人怒吼：「求求你能不能趕快拉完？」

要求「事事都要快」，並不會讓事情進展得愈有效率，只會把「快」變成「亂」，「亂」演化成「錯」，屆時又要花數倍時間彌補錯誤，有鑒於此，我寧可多給自己一點時間，維護工作品質。

　　公關業，要的是反應快的員工，面對千變萬化的瑣事，舉一反三還不夠，還要舉一反十。不幸的是，在我最精明的時候，只能舉一反一，腦袋浸水的時候，舉三也不一定能反一，我凡事需要比別人多一點時間思考，在前置作業時理出頭緒，才會像倒吃甘蔗一樣，順利完成後續。

靠著每年的旅行，排解情感上的負面情緒（攝於葡萄牙波爾圖）

被留下來的「不適任員工」

公關業門檻低，學歷不重要，只要有興趣、肯學習，都能由24k 的小助理做起。這六年來，我看遍剛進來就被請走的新人，有的是待不到一個月，部門主管認定「教不來」被資遣，有人是今天新進，明天被解僱，「高流動率」絕對是公關業正常生態，但我竟安安穩穩地做了快六年。

至於公司何以從未請走我這個「不適任員工」，我沒有特別去探討，也曾開玩笑，要是我被資遣，就拿著遣散費到歐洲爽玩一個月再找工作！

想出國玩，只要敢送假單

業績好的公關公司背後，一定有深諳成本控管、懂得緊盯預算的主管與老闆，誰該離開，誰該留下，他們比我們更清楚。至於我會待到現在的原因，主要是不論「請假三週出國玩」、或是「請假三個月遊學」，只要敢送假單，都會全部「批准」！這也是眾多背包客最夢寐以求的「福利」。

逃離為人拼命的戰場，在旅行中找尋精采

五點下班時間到了，明天請早

公關業是一個「不能下班」的行業，下班奪命連環 call 是常有之事，手機一響就如同「鬼來電」般驚悚。

面對種種慘況，不禁想起 2004 年在紐西蘭羅托魯瓦（Rotorua）旅客中心排隊諮詢的回憶，我等著諮詢毛利秀及陶波湖行程，好不容易輪到我，我把列好的問題一一詢問、記錄，服務人員也很有耐心地解答。

旅客眾多賺飽觀光財，歐美國家旅客中心仍堅持準時下班原則

問題還沒問完，聽到一陣悠揚的音樂聲，音樂停止，我正要繼續未問完的問題，誰知服務人員打斷我：「下班時間到了！」接著不再理會我的詢問，開始收拾東西。

原來，剛剛的音樂聲是下午五點整標準時間。我請他再給我幾分鐘的時間，不會打擾太久，他還是只回我一句話：「我下班了！」

看看旅客中心其他服務人員，同樣也是停止服務，開始準備下班，進來諮詢的旅客也沒有再要求服務，紛紛離開旅客中心。

連下班都能「理直氣壯」，叫「加班族」怎能不羨慕？既然不是身在那樣的國度，為了糊口飯吃，又沒辦法賭氣離職，只能先認命，但也開始反思，被工作綁架的行業，該怎麼在無窮無盡的忙碌魔咒中，找尋一絲呼吸新鮮空氣的空間？

把別人放第一，把自己擺最後＝公關業

公關業是「服務業中的服務業」，是我初進公關業的典型心聲。服務的行業五花八門，從本土商到日商、韓商與美商，從政府機關到士農工商，只要唸得出來的行業，無一不是公關業的客戶。

即使喜歡寧靜，還是在人潮淘湧的布拉格開心爆走，是因為我的心得到療癒了嗎

　　面對不同的客戶出不同的招，遇上「比流氓還流氓」的客戶，陰招狠招毒招都要一一招架。

　　公關，永遠把別人放第一，把自己擺最後。身著正式套裝，穿梭在華麗的宴會場合中，這樣的刻板印象，只是不了解這行業的菜鳥憧憬出來的假相，光鮮的內幕是過勞，笑容的背後是血汗，在專業能力之餘，也培養出「打落門牙和血吞」的韌性。

　　很多時候，只想脫下套裝，卸下濃妝，高跟鞋丟一邊，暫且逃離為別人拼命的戰場，好好地做一次自己。

過去、現在與未來 ；我旅行、我存在

2014 年，第一次向公司請假赴德國，登上老彼得教堂鳥瞰瑪麗恩廣場的全景，在慕尼黑富麗堂皇的「王宮博物館與寶物館」及寧芬宮目炫神迷，也在濕淋淋的雨天忍著無法抑止的咳嗽，伴著蒼翠欲滴的山色，幽綠澄淨的湖水，來到童話故事裡的天鵝堡。

2015 年，嚮往南歐金色陽光來到葡萄牙，在聖哲羅母派修道院看到里斯本最美的建物，見證葡萄牙輝煌航海大時代的貝倫塔，也在百年老店吃到道地葡式蛋塔，搭過號稱最多扒手的 28E 電車，也曾一路顛簸暈車，來到「地之盡頭，海之開端」的羅卡角，看著大西洋的驚濤駭浪，遙想當年的航海家，要面臨多少生死交關的大自然挑戰？

2016 年，在維也納，見識到將音樂與日常交融的生活美學，看到用不規則創造「協調」的百水建築。懷抱對湖區的仰慕，來到美得不真實的高薩湖，在號稱世界最美的湖邊小鎮哈爾修塔特駐足，在寧靜如同沒有人煙的上特勞恩放空；厭倦繁忙的城市，卻在觀光客人山人海的布拉格舊城區、新城區、城堡區、小區縱情暴走。

2017 年沿湖行走，白天在克羅埃西亞十六湖國家公園裡驚嘆大自然鬼斧神工，夜晚醉臥花香處處的夢幻民宿，在斯洛文尼亞靜觀布列德湖湛藍湖面上的教堂倒影，在充滿靈氣的波因湖前，臨風懷想，堅信徐志摩來到此處，一定能找到在他心頭蕩漾的波光豔影。

永無休止的忙碌，只想一年給自己一次追求天寬地闊的權利（攝於加拿大布查花園）

天寬地闊的自由空氣，只想永無止境的旅行

每個人都有適合自己的抒壓方式，我選擇每年的長途旅行。在本書付梓之前的 2018 年我去了瑞士少女峰、馬特洪峰、海蒂之路尋幽之旅、2019 年我想到荷蘭看羊角村，到庫肯霍夫花園參加花季。

2020 年，是不是給自己探訪北歐的目標？2021 年，是不是去尋找清秀佳人的故鄉愛德華王子島？還有無數個年頭，等著我逐步去實現遊遍世界祕境的夢想。

旅行，從未幫我培養職涯專業，不曾助我成為頂尖的公關，甚至我已不在旅途中思考人生的方向。或許，在社會價值觀中，我是「人生失敗組」第一把交椅，每階段該達成的事，我一樣也沒有做到，既然我的人生「徹底失敗」，在嗜好的決定權上，我是不是能擁有絕對的勝利？

「花若盛開，蝴蝶自來。人若精彩，天自安排。」既然我有背起行囊再度遠行的幸運，我給自己的責任，就是讓每一趟旅行，在我的生命中留下精彩的篇章……

第 **5** 章

不必辭職，
照樣請長假去旅行

請假出國玩，公司竟說「讚」

請長假，是最好的員工福利

身邊有許多朋友，公司都不允許員工把年假集中請完，原因就是平時人力已經很吃緊，怎麼可能讓你半個月不在？最誇張的例子是有對夫妻在同公司工作，新婚後，遲遲無法去蜜月旅行，一直到太太辭職才成行。

公司同事常搞到半夜才下班，他們卻傍晚六點收工（攝於葡萄牙布拉加）

我也常聽到請個三天假都被部門主管白眼的真實案例：「請這麼久？那要上呈總經理，他蓋章我就沒話說。」

有句話說：「家家有本難唸的經」，辦公室也一樣，這個世界上沒有盡如已意的工作，更沒有完美無缺的職場文化。

　　第一次向公司請假去德國，只請了七個工作天，公司很快就批准，回到公司上班後，正好有一位同事遞出長假假單，原因是要去遊學三個月，公司竟然也很快地准假，當時我才知道，原來公司有這麼令上班族豔美的員工福利。

　　我腦海中閃過一個念頭，如果要去愛德華王子島居遊兩個月，公司也會准假吧？對旅遊偏執狂而言，公司願意讓員工請長假，不必辭職，也能去旅行，絕對是全世界最好的員工福利。

即將開辦活動的城市，街頭擺著場佈道具（攝於葡萄牙布拉加）

出國前的請假哲學，長假前的停看聽

十幾個工作天不在公司，可以先這麼做。

一、告知義務：

　　出國前三個月，告知部門同仁出國時間，會離開公司多少天，讓他們早一點有心理準備，出國前四週至五週，以口頭向老闆與人事先報備，再送出假單。

二、極盡所能減輕同事負擔：

　　公關公司每個人工作量都很大，不能因為出國玩，把所有工作壓到同事身上，通常我會依據公司行事曆，趁著還沒出國前，完成出國期間已排定的工作，不會把沒做完、或根本還沒開始動的工作丟給同事，或者跟同事說：「這些我來不及做，你要接手！」

　　出國期間，同事頂多代為聯絡客戶、與客戶對稿，再做小幅度修改……千萬不要自認擁有特休假，就覺得請假的人最大，同事有義務接手你的工作，但要同事在爆肝情況下又要攬你的業務，絕對會對你有所記恨，可不要讓一趟旅遊，付出人際關係的代價。

三、出國後：

1. LINE、電子信箱要看要回：

同事不熟悉你的例行事務，有時會發訊息詢問一些事項，一定要在第一時間回覆，千萬不能「已讀不回」或直接「不讀不回」。在 3C 時代，「訊息未讀」不代表你沒看到，而是你不爽看。

2. 即時分享：

「辦活動」是公關公司很重要的業務，看到國外的戶外活動、文創市集、街頭派樣，甚至是一張廣告海報，或是一棟特殊的建築，都可以上傳到公司群組與同事分享，讓沒有出國的同事，也能開開眼界。

公關業需要創意，見聞轉化為創作能量

公關業靠創意吃飯，沒有權利說靈感枯竭，一成不變，就等著被客戶唾棄、被同業鄙視、被市場淘汰。旅行，讓人有機會與世界各地的精采相遇，也能延伸到自身工作範疇所需的能量，一切事在人為，去旅行，到底只是出國玩玩，還是真能從中獲得成長，而那些成長對工作、對生活有沒有實質助益，一切因人而異。

對公關業而言，企劃人員及專案執行，可觀察當地的節慶活動運作、開幕啟動儀式、踩街遊行隊伍、舞台聲光效果、亮點活動、攤位內容、周邊趣味遊戲，有沒有值得借鑑的地方，融入日後的提案企劃裡，也能從中找尋新聞亮點，切出不同的議題梗，找出以前從未用過的破題方式，說不定能運用在下一篇活動專題稿裡。

設計人員則可看看知名建築物、有特色的商店、博物館、公共藝術，活動現場的舞臺背板、旗幟、海報、入口意象，有沒有自己從來沒有想過的呈現方式、配色、混搭手法？只要有心吸收，旅途中的觀察，都能存進「創意存摺」。

說起來也算幸運，我任職的公司認同員工請假出國玩是一種權利，也認同出國旅遊，確實能擴大員工的視野，以及增進創造力。

看到特殊造型的公共藝術，立刻拍回去與同事分享（攝於盧布亞納）

重返辦公室，又是另一個災難

別傻了，你的工作永遠是你的

通常銷假回辦公室的前兩週，日日都是惡夢，但既然都在公司「失蹤」十多個工作天，就沒有權利說「我的心留在 XX 島」，即使時差還沒調整好，也要讓自己看起來精神飽滿。

回到辦公室的混亂讓人超鳥，想想旅途中的美食平復心情

回到辦公室後，常會發現，沒有百分之百的職務代理人，同事能代理的範圍有限，也沒有「義務」幫你加班（同事心聲模擬：媽的！你出國爽半個月，老子工作量已經多到爆了，哪有那個美國時間接你的工作！）

不要懷疑，你的工作絕對是回到你身上，不會因為你不在，這些工作就自動消失，或者天真地認為別人會放下手邊的例行事務，專心處理你的工作。

總之，你出國前，要把請假期間已知的工作全部處理完畢，出國期間發生的工作狀況，絕對是等著你回來收尾，而且是愈爛的攤子，愈要你自己收拾。

很常聽到這樣的話：「某個案子很臨時又很急，偏偏客戶在你出國當天丟下來，這個案子會請阿美處理一下！」不過，回到辦公室，那些所謂「很急」的案子，其實一點都不急。

因為那些工作仍然原封不動堆在你桌上，一點進度都沒有，還會被交代：「已經找了很多藉口跟客戶延了，好不容易說服客戶讓我們拖到現在，你就趕一趕吧！明天是最後期限了！」

結論是你必需把請假期間新增的工作量，用更快的速度處理完成，誰叫你消失半個月？不管你心裡訐譙多少「國罵」，也得乖乖接受這個宿命。

心想著明年的旅行，再忙再累也甘心

總而言之，回到辦公室絕對沒有收心的緩衝空間，你會陷入兵荒馬亂的地獄，至少為期半個月之久，你的處境是「風聲鶴唳，草木皆兵！」

既然公司已經佛心准假十幾個工作天，回國後有再多的殘局要收拾，還是認命地扛下來吧！皮繃緊也要撐過去，不過一邊忙碌，可以一邊想著明年的旅程比今年更精采，如此一來，再忙再累也甘之如飴。

想著明年還有更多美景等著探索，再忙再累也甘心
（攝於文特加峽谷）

準備好了嗎？出發吧！

旅行前，把心準備好

一個人去旅行，最該先準備好的是心境。明明已存好旅費，卻因心理建設沒有做好，還差臨門一腳的勇氣，又因旁人幾句似是而非的勸阻，因而更加卻步。一個人旅行當然有風險，但天有不測風雲，天災人禍隨時都在發生，不出門也不代表沒風險。一直以來，我的旅行很少被與自己相近的人贊同過，但愈有人提出反面意見，愈堅定我想「出走」旅行的心念。

近年來，逛旅遊平台，看到有大量的聲音批評旅行意義被不當美化、被業配，「害死」很多年輕小女生，羽翼未豐就模仿旅遊部落客故做瀟灑，瞻前不顧後，玩得開心卻沒有想好退路。

我一直堅持，不必美化旅行，特意醜化，顯然也沒必要。我的腦海中最常浮現：「下一段旅程要去哪裡？」常常是今年的旅程都還沒出發，就在閒暇時思考明年要將那個國家排進我的旅程計畫。不過，我在規劃旅程的同時，還是會去省思親友們的關心提醒。

再貪玩，也要重視隻身在外的安全

　　每當說起什麼時候要去自助旅行，身邊會冒出這樣的話：「自助哦？很危險耶！為什麼不跟團？」問起對方是不是有去過，才知道大多都是沒去過，只是因為看到新聞報導覺得很恐怖，或者是誰誰誰去了，在那裡遇到什麼樣的麻煩，就開始覺得自助旅行危機重重……

　　既然沒有去過，說出口的「很危險」，沒有具體人事時地物，由「聽說」、「據說」、「應該」、「好像」組成的重重危機，顯得模稜兩可，通常我是聽聽就好，笑笑收下，但也因為這些熱心的警語，讓我更加重視隻身在外的安全，再貪玩，也要以人身安全為優先。

面對人群，寧可相信這個世界好人多於壞人（攝於札格雷布）

能承受多少風險？

　　每個人能承受的風險不同，我意識到自己沒有冒險的勇氣，通常會選擇讓自己有安全感的地方。以「寧可不要去，也不要身陷險境」為原則，但是，世界上卻沒有一個地方百分之百安全，就連好好待在家裡，也可能天外飛來橫禍。

　　什麼都怕，被臆想的恐懼吞噬夢想，就哪裡也去不了。我個人對安全性最介意的關鍵在於治安與恐攻，決定行程前，我會找資料評估當地的治安狀況和恐攻風險，確定是自己承受範圍內，才會著手安排行程。

好人多還是壞人多？

　　我還是寧可相信人性本善，人的風景往往是最美的，路途中遇到的鳥事，也在人情暖流中消逝。我的每一趟旅程全是人生地不熟，卻也都接受過幫助，有不少熱心的當地人或遊客會順便為我加油打氣，告訴我來到這個國家有哪些必需注意的事情。這個世界絕對有壞人，但為了「假想中的壞人」、「新聞裡的壞人」、「別人遇到的壞人」，不願給自己機會踏出旅行的第一步，未免可惜。

用懷著期待花開的心情面對每一趟旅途（攝於加拿大布查花園）

　　行前功課永遠做不完，最重要的是心準備好了，就勇敢出發吧！然後，懷著期待花開的心情面對每一趟旅途，讓每一次的遠行，都看到百花齊放般的精采。

歷史傷口30年，還在療癒自己

矇上眼睛和搗上耳朵，看得更清楚，聽得更清晰

不知還有多少人記得「歷史的傷口」這首歌，這首聲援六四學運的歌曲，當年的群星唱得慷慨激昂，前面兩句歌詞：「矇上眼睛就以為看不見，搗上耳朵就以為聽不到。」讓人印象特別深刻。

曾經我也以為，不要想、不要提，所有的事都已過去，走過童年、青少年的恐懼，一切撥雲見日，青年時期不順利的各種機運，也全都咬牙度過，也曾感謝岔路人生，為我創造鍛練心志的機會。好不容易，終於苦盡甘來，可以好好規劃「人生下半場」，豈知，原本以為恢復平靜的人生又起波瀾……

該怎麼形容發生在近年的一瞬間邊變？當年當家主事的重要長輩，被來歷不明的老鼠會首腦洗腦開始，就埋下名叫「貪婪」的火種，一觸即發後，火勢薰天，火舌竄燒蔓延出令人驚駭的赤紅景象，沒人能逃得了因貪婪所引起的欲火，全被燒得體無完膚。

30 年的歷史傷口，我一直沒有治癒好，昔日與近年的遽變三不五時打亂心靈的平靜，深埋已久的腦海記憶，排山倒海般湧現，矇上眼睛，看得更清楚，搗上耳朵，聽得更清晰。

現在是 2017 年？還是 1985 年？

忠言永遠敵不過巧言，自古皆然。家族長輩迷信老鼠會首腦之言，相信天下有白吃的午餐，而且餐餐珍饈美饌，從此瘋狂投入，就像新聞裡的傻子，著急的旁人一再想拉回他，還是繼續沉迷，對持相反意見者惡言相向，對親友隱瞞得天衣無縫，對詐騙集團忠心耿耿，恍然大悟被騙，仍對詐騙者深信不疑。

熟悉的戰況又開始，只要是「錢」引起的戰事，永遠是一場比一場猛烈，每一場都是近距離的槍炮射擊，無辜的人被流彈掃得四分五裂，思緒特別複雜及偏頭痛發作的時候，讓我暫時性陷入時空錯亂的狀態，現在是 2017 年？還是 1985 年？

如果是 2017 年，這些戰亂場景，怎麼遙隔逾三十年卻又這麼相像，連台詞也大同小異？我驚覺「心中小孩」回來了，變成憤怒猙獰的魔獸回來了。

去銀行借 100 萬幫忙償債？

過去還是小孩的時候，只要乖乖當箭靶，專心害怕就好，現在變成大人，就會被賦予「神聖」任務。當年幾名學童、小孩，已經長大成人的我們，在 2013 年底被集合起來分派任務：「每個人都去銀行借 100 萬供應用！」問起要把錢還給哪些債主，得到答案是：「你們把錢借出來，我們就知道怎麼做了！」

100 萬對有錢人來說是小事，對領死薪水的上班族，一年也賺不到，就因為沒人拿得出來，才被要求借款，既然被指派協助清償，我認為我有權了解欠款數字，卻得到荒謬的殺價承諾：「那妳借 70 萬好了！都幾歲了，每個月幫忙還幾千元的能力總有吧？」

也曾被曉以大義：「都是因果，你前世怎麼對他，他今生就怎麼對你，再幾年就會懂了！」從銀行放款部門走出來後，我思考兩天做出決定，很慶幸當初的堅持，沒有把自己變成債務人。

用「前世論」把今生一切遭遇合理化，太薄弱了，對於瘋狂的債務，難不成也要解釋成老鼠會首腦是冤親債主來討債？

　　我一向後知後覺,這得等到我比現在更成熟、體悟更多的時候,再來為這個問題下註解。

打腫臉充不了胖子,一切量力而為

　　至今,我還是不知道老鼠會首腦下了什麼降頭,家族長輩被騙很大仍死心塌地,對財務漏洞依舊守口如瓶,只隱約得知神祕的債務數字是天價,並不是叫尚未負債的人每人借款百萬就能填平。

　　拖到 2017 年底,祖厝沒了、土地沒了、股份沒了、鋼琴沒了、掛在牆上的畫也撤下來,只要能變現,再便宜也割捨,那些東西是長輩們的,他們有權處理,我的能力範圍就是貢獻一張提款卡,在此也建議跟我同樣被家族債務波及的小資族,做好以下心理建設:

一、還債主角應是欠債人,不要為清償他人爛帳,把自己變成債務人,這不是偉大而是傻,也會長期陷入「不甘心」的負面情緒。

二、小資上班族賺不到高薪,又不懂錢滾錢必殺技,不該被他人欠下的債務賠上生活與情緒,你的借款額度,對龐大財務缺口而言九牛一毛,卻會讓債務是非中增加一個悲劇人物。

三、沒有辦法置身事外，要確認有能力，也有心理準備永不後悔代償，才能簽保證人或去銀行貸款供債務人應用，否則，就在自己的能力範圍內提供幫助，就算盡了最大的責任。

破大財，消大災？

或許是人生的功課修得不好，今生種的福田仍不足，或許真的是大家命中注定的劫難，說不定早已注定的災難更嚴重，只有破大財，才能消大災，這可能是上天最後的慈悲，失去身外之物，讓我們保有身心平安，現在事情一件件明朗中，但風和日麗時，頭頂仍飄烏雲，隨時會颳暴風雨。

想飛的心情年年都一樣（攝於昆明翠湖公園）

用旅途彩繪人生，繼續前行

事情往好的方向發展，才讓我敢去旅行，只要人生不結束，旅途永遠在進行，是抒壓，也是療癒，誰叫我的生活如此忙碌？誰叫人生不如意十常八九？

人生是一段從此岸到彼岸的旅途（攝於布拉格查理大橋）

全職獵人動漫中，金對千里尋父的兒子小傑說：「若是你今後的去向與我重合，就好好享受這一路上的風景吧，那裡一定有著比你所追求的更重要的東西！」即便是由青年邁向中年，我還是渴望享受這一路上的風景，目前的我確實是這樣持續進行中。

很多人會問，旅程結束了，然後呢？旅行之後，就是好好生活，期待下一次的旅途。

國家圖書館出版品預行編目資料

一個人的自療旅程：去沒人認識你的地方 /
蕭瑤 文.攝影. -- 初版. -- 臺北市：
華成圖書, 2018.11
面； 公分. -- (出走系列；T1003)
ISBN 978-986-192-335-2(平裝)

1.旅遊文學 2.世界地理

719   107015598

出走系列　T1003

一個人的自療旅程：去沒人認識你的地方

作　　者／蕭瑤

出版發行／ 華杏出版機構

華成圖書出版股份有限公司
www.far-reaching.com.tw
11493台北市內湖區洲子街72號5樓（受丁堡科技中心）
戶　　名　　華成圖書出版股份有限公司
郵政劃撥　　19590886
e - m a i l　　huacheng@email.farseeing.com.tw
電　　話　　02-27975050
傳　　真　　02-87972007
華杏網址　　www.farseeing.com.tw
e - m a i l　　adm@email.farseeing.com.tw
華成創辦人　　郭麗群
發 行 人　　蕭聿雯
總 經 理　　蕭紹宏

主　　編　　王國華
責任編輯　　王國華
美術設計　　陳秋霞‧吳欣樺
印務主任　　何麗英
法律顧問　　蕭雄淋

定　　價／以封底定價為準
出版印刷／2018年11月初版1刷

總 經 銷／知己圖書股份有限公司
　　　　　台中市工業區30路1號　　電話　04-23595819　　傳真　04-23597123

讀者線上回函
您的寶貴意見
華成好書養分